新世紀メディア論

新聞・雑誌が死ぬ前に

小林弘人

新世紀メディア論　目次

新世紀メディア論

——新聞・雑誌が死ぬ前に

art direction & design: ASYL (SATO NAOKI + ICHIO NARUOMI)
cover photo: KOBAYASHI HIROTO

Lecture 01

あなたの知っている「出版」は21世紀の「出版」を指さない

２００７年、新聞紙面では、海外メディア企業の国境を越えた大型Ｍ＆Ａ（企業の合併・買収）が取りざたされました。まず最初にイギリスのロイターとカナダのトムソン、この金融情報を提供する２大企業の合併は、世界規模でメディア再編が起きていることを人々に知らしめました。

もう一方で、「メディア王」の異名を取るルパート・マードック氏率いるニューズ・コーポレーションが全米最大の経済情報紙「ウォールストリート・ジャーナル」を擁するダウ・ジョーンズを買収しました。

そして、日本ではインターネットへの広告出稿費が雑誌へのそれを抜いたことで話題となりました。イギリスではすでに２００６年に雑誌のみならず、新聞広告費をインターネット広告費が追い抜いています。また、２００８年には国内出版社の倒産が相次ぎ、有名雑誌の休刊も頻発しました。

さらに決定的だったのは、１６０年続いたアメリカの老舗新聞紙「トリビューン」の発行元が１３０億ドルの債務を抱えたまま倒産したことです。これはあまり一般的な話題をさらいませんでしたが、業界関係者には衝撃的な出来事でした。

このように、生き残りを懸けたメディア再編の波は激しくうねっているのですが、つい最近まで、われらが日本のメディア業界は世界的な大嵐のなかでも、まるで、さざ波すら立っていない紺碧の水面といった様相で静観していた印象があります。

今年はわたしが思うに、旧制度に依拠したメディア企業の「本当の終わりの始まり」のような気がします。あるいは、その言い方が気に入らないのなら、こう言い換えましょう。今年は、ここから先の10年、いや、20年先までもが決まってしまう「決断の時期」なのです。しかし、日本のメディア人の多くが頭では理解しているにもかかわらず、既存のメディア企業（特に新聞社、出版社）はその成立ちと制度的な構造に手足を縛られ、なにもできないというのが現状なのかもしれません。

本書は、メディアという海に寄せる大きな「渦」について、これまでブログや講演、寄稿を通してわたしが訴え続けてきたことをまとめたものです。ただし、旧来のメディア業界やその業界人のみに向けて書くものではありません。むしろ、一般企業、あるいは個人に向けて書いたものです。

その理由は、メディアとは、すでに一部の特権的な基盤のうえに成り立つものではないからです。「意志」さえあれば、誰でもメディアを持つことができる、それがいまなのです。本書では、そんな誰でも組成できるメディアを、便宜的に「誰でもメディア」と名付けています。大雑把な名称ですか？　はい、すみません。ほかに素敵な呼称が見当たらなくて。しかし、本書は「これからはクリティカルマスの時代だ！」とか「消費者パワーをなめんなよ！」などと、一方的に消費者主導のメディアを啓蒙したり、鼓舞するものではありません。むしろ、この「誰でもメディア」時代において、与えられし環境を駆使して、メディアビジネスを営もうとするプロフェッショナル・メディアの志望者にとって有益となるようなことを書こうとして、筆、もとい、マウスを取りました。

本書には、インターネット登場以前のニューメディア時代からコンテンツ製作に携わり、またゼロから会社を設立して月刊誌や書籍を刊行し、あるいは十年間にわたりウェブ上でメディアを立ち上げてきたわたしが、身をもって学習したことを記しています。また、わたしは今でも自分のことを出版人だと考えています。なので、ここでは「最良だったプロフェッショナル出版」が潰えてしまわぬよう、時に既存出版社や新聞社に対して厳しい表現があるかもしれませんが、業界の方々にはわたしからの一方的なラブレターだと思って読んでいただければ幸いです。時にラブコールを送っても振り返ってもらえない恨みつらみが行間に滲んでいるかもしれませんが、それはあくまで愛ゆえです。愛は盲目なのです。

では、どうぞ今後しばらく拙稿におつき合いいただければ幸いです。

いろんな組織がメディア化している

これまでさまざまなところから依頼を受けて講演を行ってきました。講演先として、広告代理店や新聞社、地方自治体、各種メディア業界シンポジウム、またメディアへの人材輩出を考えている大学などが挙げられます。テーマはまちまちです。

たとえば、アメリカの出版社のウェブへの取り組み紹介だったり、あるいはネット上のバイラル（口《くち》コミ）動画製作やCGM（コンシューマー・ジェネレーテッド・メディア）【＊1】などへのプロモーション、ブログを駆使したゲリラマーケティングなどであったり。

でも、共通して言えるのはネットを使ってメディアをどう組成するかということと、それをどう人々に売り込んでいくかという具体的な事例と心構えについてだと思います。

まあ、招聘者はまちまちですが、依頼されるテーマは割と共通しています。これはどういうことかと言うと、いろんな組織がメディア化しているということなんです。

「ちょっと待て、新聞社は立派なメディアじゃないか」というご意見もありますよね。それはそうです、まったくもってその通りです。

しかし、メディアだという自覚がないメディア企業も多いのですよ。いや、ホント。

たとえば、多くの出版社は「ウェブはIT（情報技術）企業、出版は出版社」と考えています。それは自分たちの主戦場はウェブではなくて、本屋さんやコンビニの店頭だと区別しているからです。

【＊1】CGM（コンシューマー・ジェネレーテッド・メディア）
ユーザーによってつくられるメディア。日本では2ちゃんねる、世界的にはウィキペディアなどが有名。広義にはSNS（ソーシャル・ネットワーキング・サービス）やブログ、メッセンジャー、携帯メールなどもCGMとされる。

なので、わたしが講演した某新聞社やその集まりは、「自分たちがメディア企業であり、情報の配信先はいろんなところにある、あるいは、自分たちのライバルは新聞社だけではない」という認識をまだ頭の片隅にちょっとでも置いているから、わたしのような人間を招いて話を聞いてみたいと考えたのでしょう。

ところが、出版社の方と話をしていると、「あなたの会社はなぜ紙とウェブの出版を両方やっているのか?」とか「腰が定まりませんねえ」と言われる確率が高いのです。

わたしから言わせると、なぜ「紙」と「ウェブ」の出版を分け隔てて考えているのか、理解できないというのが正直なところです。

また、逆に「出版業界の売れ行きが長期において芳しくないが、出版はこれからどうなってしまうのか? 出版業界出身のウェブメディア識者として出版はもうダメかどうか教えてほしい」という質問も寄せられたりします。

わたしの答えは決まっています。

あなたの知る「出版」は、すでに死んでいる

「出版」という行為は不変だし、これからも「出版」は続きますよ、と。むしろ、「出版」の価値は増大しているのではないでしょうか。

でも、出版社の内側・外側問わず、多くの人が定義する「出版」はすでに死滅した概念であると思っています。

有名マンガのセリフを借りるなら、「お前は、すでに死んでいる」といったところでしょうか。

さて、「出版」は不変、と言いつつも、「出版」は死んでいる、とは奇妙に聞こえるでしょう。

もうちょっと整理すると、いままでの「出版」という言葉がすでに死滅しているということで、これからこの「出版」という言葉を再定義する必要があるかもしれない、というのがわたしの問題意識なのです。

ウェブでは「ウェブ2・0」とか、すでに気が早い人たちは「ウェブ3・0」などと呼称するように、「2・0以降か、それ以前」というように、中身の定義をバージョンアップしようという気運がありますが、出版に関しては固着したままで、

バージョンアップの是非は問われません。

よって、わたしが本稿で言うところの「出版」とは、「出版2・0」のようなアップデートされた出版のことなんですが、出版社や新聞社に近い人ほど、「出版」という言葉を使うと、狭義の意味として捉えがちなので、この話はわたしが意図していない方向に進んでしまいます。

ある講演では、ウェブメディアにおける新しい出版というものについて説明したことがありますが、その講演後の質疑応答で、「今後の出版を考えるにあたって、再販価格制度をどう思うか?」と問われた経験があります。

そもそも紙に印刷したパッケージ商品を取次経由にて書店で売ろうなんて話をしていないし、それが撤廃されたからといって、劇的に業界が生まれ変わるとも思っていないので、わたしの再販価格制度についての意見はお役には立ちません。

そのように「出版」という言葉を使う以上、「出版2・0」においても誤解がつきまとうわけです。

またある質問者は、「出版社に入るにはどうしたらいいか?」とも尋ねてきました。

わたしとしては「出版社に入社せずとも、今晩にでもメディアは立ち上げられるよ」という話をしたつもりでしたが、その質問者にとって「出版」とは、出版社に入社しなくてはできないもので、なおかつその思考からは離れがたいという印象でした。

多くの人にとって「出版」というのは、紙に印刷したコンテンツを全国の書店・コンビニエンスストアに流通させ、読者に販売した利益と企業からの広告によって利益を得る商行為しか指していないため、その意味においての「出版」とわたしが語る「出版」がズレてしまうわけです。

「出版業界」とは「取次制度依拠業界」に過ぎない

「あなたはウェブのメディアのことばかり言うけれど、日本の津々浦々、ほぼ同日に雑誌を配布する取次のシステムは凄いのだ」とか、「支払いサイトが短いから、老舗出版社は現在の出版ビジネスから脱する思考を見つけ出せない」とか、それはその通りだと思いますし、それを否定するつもりはありません。しかし、わたしが言うところの「出版」において、そういうことは一部の話であり、そこに依拠していなくても出版という行為は成立するのだ、という話をわたしはしたいのです。

さて、この段階ですでにわたしより先輩の編集者たちが苦言を呈するのが目に浮かびます。

「バカヤロー、ウェブごときがメディアなんて呼べるかよ。紙じゃなきゃダメなんだ！」

はい。仰せの通りでございます。わたしは別に宗旨を変えてほしい、と依願しているわけでも、そのことを否定してやるというわけでもありません。それはそれでひとつの信念としてよろしいかと思います。わたし自身も、紙のメディアを編んできて、その偉大さは十二分に理解しているつもりです。よって、ここでは、「紙に印刷されなきゃ、コンテンツじゃない」というドグマ（教条）をお持ちの方以外だけ先に読み進めてください。お願いしますね。

話を戻しましょう。多くの人たちにとっての出版とは、取次機構を通して全国にバラまく紙の雑誌や書籍、新聞しか指していないような気がします。また、多くの人は出版というものを講談社や集英社が行っていることとして捉えています。

しかし、リクルートだって出版社であり、ベネッセだってもともと出版社です。

アルクもぴあもそう。生粋の出版人なら、「あんな情報商社と一緒にすんない！」です。はい、そこ正解。ピンポーン！　情報商社、それでいいじゃないですか。漫画家を抱き込んで、ヨソでは描かせずに映画化やマーチャンダイジングで代理店やテレビ局とがっちり組んでウハウハ儲けているのなら、同じ情報商社ですよ。わたしは、商売のネタが考案されるプロセスは多様だということが言いたいのです。

しかし、「俺たちはコンテンツ屋」、「あいつらは情報ブローカー」という区分は、ネット上では意味がないのです。いや、矜持はもちましょうね。モノづくりするうえでは必要ですよ。わたしなんかこだわりまくりの雑誌しかつくらないので、「ほかのクソ雑誌と一緒にするな」なんて思ったりして、逆に「クソ雑誌」と呼ばれたほうは、「あんなミニコミと一緒にするな」なんて言っていますもの。

自称コンテンツ屋だと思っている職能者の間でも、「バカ相手のスカスカ情報誌め」とか「暗くてキモいオタク雑誌め」とかいがみ合っているものです。

ネット上で意味がないと言ったのは、ネット上では文脈をもったコンテンツも、「情報」として素因数分解され、流通しています。ロボットが言葉の一部分を拾って、それを表示したりしていると考えてください。人間が選良のコンテンツのみを集めているわけではありません。なので、好むと好まざるとにかかわらず、そこにコンテンツや情報を提供している全員が「情報ブローカー」であり、「コンテンツ屋」の側面をもつのです。

話を戻しますが、情報商社のビジネスモデルは出版を軸にしつつも、いろいろあります。たとえば、ネットで人気の「東京R不動産」【＊2】。これは、不動産情報サイトですが、ある意味コンテンツの見せ方やテーマの切り口が「編集」されたコンテンツなのです。なので、「ただの不動産屋の情報サイト」と切り捨ててしまうには、あまりにも惜しい。そう、わたしはR不動産も「出版社」として捉えることをお勧めします。そうすれば、実は21世紀の「出版」という言葉が多様であるということが理解できるかと思います。

さらに、音楽出版社は、音楽著作権の管理がそのビジネスの中心となりますが、ここでも「出版」という言葉が多義的であり、もしくはビジネス環境が変われば変容してしまうものであるということを理解していただけるかもしれません。

わたしが本稿で言うところの「出版」は、「Publishing」、つまり公にするという行為を指します。そしてその結果、それがメディアとして認知されたり、あるいは価値を持ち換金できるようになったりする、その過程の行為を指します。

これまでの「出版」は、具体的な流通販路で商品パッケージを販売することを

【＊2】東京R不動産
http://www.realtokyoestate.co.jp/
同サイトの説明によれば、「新しい視点で不動産を発見し、紹介していくサイト」とある。不動産のカテゴリーに「レトロな味わい」「お得なワケあり」「倉庫っぽい」という項目を用意するなど、旧来ならば引かれてしまった物件を、言葉のラベルを変えることで魅力的なものに見せている。この行為こそ編集であり、本サイトが出版人的センスによって他と一線を画している特徴でもある。

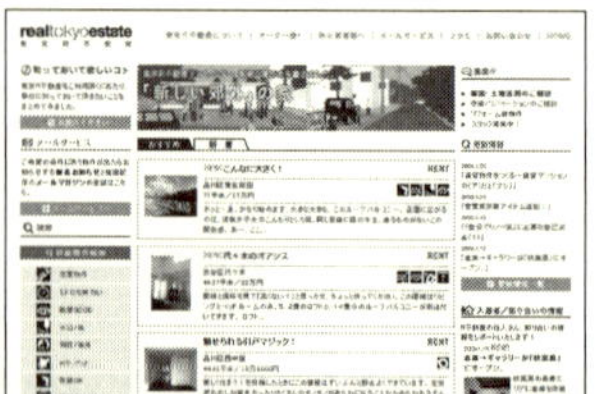

表す言葉として定着していますが、新しい時代の出版とは何か、ということを探ってみるなら、まずは出版の定義を拡張しておきましょう、という提案です。なにも広辞苑や大辞林の改正を訴えているわけではありません。軽い頭の体操として、一般的に使われる「出版」という言葉に、もうひとつ新しい「出版」の意味を付与すればいいのです。そして、その中身は、付与する人によってそれぞれ違うかもしれません。

しかし、前述したように「出版の未来」と銘打ったわたしの話は、従来「出版」に属する一部業界に向けた話だと誤解されてしまうため、こんな長い注釈を書いたわけです。

そもそもメディアという次元から見た場合、「出版」に業界なんてないのではないかという意識をわたしは持っています。

いわゆる「出版業界」ってのは、「取次制度依拠業界」なんですよね。まあ、呼び方はともかく、わたしがゼロから出版社をつくって、その門をノックしたとき、「なんて新規参入者に優しい公正な業界なんだろう!」（皮肉です）と、感動のあまり腰が抜けそうになりました。余談ですが。

興味深いことに、ヤフー!を筆頭とするポータルサイトや小さなシステム開発会社まで、いわゆるＩＴ企業と言われる会社が、「われわれはメディア企業です」、と名乗っています。

「わたしたちはウェブの出版社です」とは言いませんが、「メディア企業」であるという認識は持っているようです。

このことから、すでに、ＩＴ企業と出版社、放送局という括り自体が時代遅れなものという気がします。デジタル上で、業態を問わずに情報を核としてコミュニティを組成したり、商行為を行うこと、またそれを支援する事業全般が、好むと好まざるとにかかわらず、メディア事業になってくるということなのです。

つまり、わたしが言いたいのはネット上においては、八百屋さんもＳＥ（システムエンジニア）屋さんも誰でもメディア企業になり得る、もしくはメディア化してしまうということです。

もう少しわかりやすい話をしてみましょう。

たとえば、ある沖縄の農家はマンゴーをネットで販売していますが、ただ単に販売しているだけでは売れないし、お客さんも集まらないので、マンゴー畑の写真をアップし、おいしいマンゴーの栽培についての情報を掲載し、また日々情報更新を行い、コンテンツを絶やさないように努力しています。これは、（出版社の人にはピンとこないかもしれませんが）この農家のウェブサイトはもはやメディアなのです。マンゴーを中心としたコンテンツを編む、年商数千万〜1億円規模のメディア企業と言っていいかもしれません。

コミュニティにこそ価値は宿る

これはごく単純な例かもしれませんが、大なり小なり、ウェブの水平線に情報を載せるということはすべて均質な情報に変換されるということでもあります。よって、「これは出版社の組成したメディア」「あそこはＩＴ企業が運営するメディア」とかいう括り自体がナンセンスなのです。メディアはメディアなのです。

沖縄のマンゴー農家のメディアとしての換金化手段はマンゴー販売ですが、情報の価値が必ずしも有料視聴や購読、または広告出稿で賄われるわけではありません。

たとえば、住宅情報誌や中古車情報誌は雑誌ですが、ビジネスモデルは企業や販売店からの広告によって成り立っています。「出版」とは、換金手段のことではないと考えます。

特定の読者に対して情報を提供し、コミュニティを組成し、そのコミュニティに価値が宿るのではないでしょうか。

つまり、メディアビジネスとはコミュニティへの影響力を換金することであり、自動車販売や家電品のようにすっきりしないのは、1台売っていくら、という商行為ではないからです。メディアという言葉のうさん臭さと高貴さは、コミュニティの価値を自らプライシングしているからであり、その価額と価値については厳密な物差し（発行部数やページビュー数）以外に上乗せされる部分――ブランド価値――が付随するからです（もちろんわたしは学者ではないので、メディア論としてのメディアを語っているわけではなく、あくまでビジネスから見たメディアについて述べていることを断っておきます）。

楽天がなぜＴＢＳを買収したいのか、この解は「放送と通信の融合」などと語られたりしますが、もっと簡単に言ってしまえば、それはウェブ上においてオーディエンスを惹きつけるためには、すべてのサイトはメディア（情報を核としてユーザーを引きつける）化しなければならないからでしょう（楽天は落ち目のテレビ局株を抱えつつ、赤字も抱えてしまったようですが）。

リアルな店舗であれば、駅からの導線や店構え、また近隣の競合店との価格差が重要ですが、ウェブにおいて発信する情報とそのリーチする力はイコール、「メディア力」の差となります。

楽天の意図をどう呼ぼうとも、同社が売り上げを上げるためには、沖縄の農家も通販事業者も、メディアを志向することは必然なのです。それが情報化であり、メディア化なのです。

さらに言えば、あらゆる企業はこれまで、既存の媒体に広告を出稿したり、記事や番組の製作を出版社や放送局に依頼してきましたが、いまのようなインフラがあれば自分たちが配信社にもなれるわけです。

冒頭にも記載しましたが、わたしはこの誰もがこれまで専業者でなかった誰かと競合するような、すぐにメディアを立ち上げられる時代を「誰でもメディア」の勃興期として捉えています。この「誰でもメディア人」たちは、発信者であると同時に、受信者なのです。ある意味、一方的に受信だけする人は未成年者か、お年寄り（その両者も最近はすごい情報発信量なので、もはや当てはまらないでしょう）、もしくはＩＴスキルやその経験が著しく低いか、あえて未接続な人たちと推測されますが、それ以外の人は「誰でもメディア」の主体となり得ます。

ただし、わたしはそんな時代だからこそ、誰もが「誰でもメディア人として成功する」とも考えていません。

その理由を説明するのに、ちょっとカメラの話を持ち出してみます。コンパクト・デジカメやカメラ付き携帯電話が巷にあふれ、写真撮影はかつてないほど身近なものになりました。大判写真のように設備と技術が必要なものは、まだ街の写真館や一部のプロに引き継がれていますが、多くの日常的な写真撮影は「誰でもフォトグラファー」によって行われています。しかし、プロのフォトグラファーとして食べていくことは容易ではありません。むしろ、どんどん大変になっているのです。

高度成長期のほうが、カメラメーカーは多く存在していました。日本の頂点に君臨するような輝かしい存在だったにもかかわらず。しかし、多くは薄利に苦しみ、倒産するか身売りしています。わたしは現代のメディアもデジタル化したカメラと同様、仏のダゲール氏が銀板写真を発明して以来、もっとも降盛期であると考えています。しかし、そのなかで、それを生業として食べていける人は一握りになるとも思うわけです。なぜなら、皆ツールを持ってるもん！　簡単に撮れるもん（発信できるもん）！　ということなのです。「いや、俺はその辺のシロートとは違うよ」って？　結構！　じゃあ、がんばってください！　しかし、どうやってシロートとの違いを「食うこと」につなげられるのでしょうか。シロートと変わり映えしなかったり、人と違うことができないと、シロート軍団に埋没してしまいます。ツールを使いこなすことが難しかったり、プロの狭き門をくぐり抜けることが大変だった時代は良かったなあ、ということです。なんとか食えたのに。なんとか「写真（メディア）はムズカしいよー」と言えたのに。つまり、存在感は増しているにもかかわらず、価値がデフレーションを起こしているのです。

書店に目を向けましょう。膨大な数の雑誌や本が所狭しとあふれています。同じように、それ以上の情報サイトがウェブ上では無数に存在しています。これがデジタライゼーションによる均質化であり、人々の手にパワーが行き渡った結果なのです。

全員が本気のプロを目指すにしても、競争過多ですから、「ただそこに身を置いていれば食える」という時代はもう終わりでしょう。メディアは、まさにそういう時代に突入しているのではないでしょうか。

でも、悲観論では何も始まりません。

常に環境に適合し、生き残るために知恵を絞り出す人には、結果がついてくるものだと思います。よって、もがくことで進化という果実をもぎ取り、過去の資産を未来につなげるようにしようではありませんか。

一部のマスコミ人の悪いところは、「誰かがお膳立てしない」と、文句ばかり言うところです。「それ、儲かるのか？」……ううむ、儲かることが明らかだったら、皆やってるよ！　市場を創出した先人たちは寝ないで考えたんですよ。次に何をすべきかと。

「誰でもどこでもメディア環境」時代に

ソニーが自ら「電撃ＰＳ３通信」を、トヨタ自動車が「レクサスＴＶ」を立ち上げようと思えば、技術的には可能です。それを阻む理由は、少なくとも各社のコアコンピタンス（本質的な得意領域）とは無関係ゆえ、そこに資源を割く積極的な理由がないとか、あるいはノウハウや人的資源が足りないという判断かもしれませんし、メディアや小売店と仲良くしてきたのに、それを一足飛びに自分たちから彼らの縄張りを荒らすなんて、という倫理観からでしょうか。

たぶん、メディアを立ち上げない理由というのはいくつも思い浮かぶと思いますが、最近ではそのハードルもだんだん低くなりつつあります。

わたしの会社はそういう自らメディアを立ち上げたい会社にノウハウや人的資源を提供し、メディア組成のお手伝いも行ってきました。いわばメディアの黒子です。

また、一般企業のみではなく、出版社がウェブ上でメディアを組成したい場合にも、運用の支援、ツールの開発から時にはビジネスモデルの考案、マーケティング、あるいは動画製作も請負います。

しかし、「あなたは出版人だというのに、システム開発やコンサルまでやっているのか?」とよく驚かれることがあります。そして、それは「出版」ではないと言われます。

すでに、本稿をここまで読まれた読者の皆さんにはおわかりだと思いますが、ウェブ上ではそれらすべての領域にまたがって、メディアという雲が覆っています。「出版」という概念が、紙の束をパッケージにして全国津々浦々に流通させ、販売する商行為と不可分なことであることと同様です。

ちなみに、わたしの会社ではコンテンツ編集やデザインは「できて当たり前」、ほかにシステム開発、ＳＮＳ（ソーシャル・ネットワーキング・サービス）【＊3】のエンジン提供やブログのカスタマイズ、戦略立案、市場調査、ＳＥＯ（検索エンジン最適化）からウェブプロモーションなど幅広く承っていて、それらすべてがメディア組成を構成する要素となっています。ちゃらちゃらしていて、怪しげなカタカナを使って煙に巻こうというわけじゃないんですよ。ウェブ上では、取次に任しておけば本が並ぶというわけではないのです。すべて自力で、マーケティングからプロモーション、はてはビジネスまで編み出す必要があるのです。だから、ネット上でメディアビジネスを行うということは、自然とぜんぶやることになるのです。

わたし自身は他企業のメディアを組成するお手伝い自体も立派な出版事業だと考えていますが、前述のように、「出版」の言葉の壁がそう謳うことを阻み、多くの人から「出版人じゃない！」と論難されるわけです。

もうすでにわたしたちは「誰でもどこでもメディア環境」（メモしておくように）を享受し、その気になればメディアを立ち上げられる時代を生きているのにも、かかわらず。

このように、「出版」という既存大手出版社の現業を支えている概念によって、

【＊3】ＳＮＳ
国内ではmixiやグリーなどの会員同士がつながっていく、いわば“内輪やご近所”同士によるネットの社交場。

かえって出版社を含む多くのメディア企業がその可能性を自ら狭めているというのがわたしの見解です。

逆説的になりますが、そんな時代に特権的にメディアを配信するマスメディアとは、そのトップダウン型の流通や配信、および放送インフラなどの既得権益を押さえている寡占的な企業のことを指すわけです。

いまは、マスメディアの小さな村（影響力はまだ大きい）を取り囲むようにして、ナノ（極小）メディアの群れが覆っています。

アメリカのケッチャム（Ketchum）という老舗ＰＲエージェンシーは、それらナノメディアを「パーソナライズド・メディア」と名づけて商標登録しています。「個人化されたメディア」という意味ですが、携帯やメール、チャットや掲示板、ＳＮＳの会話、ブログなどあらゆるＣＧＭが「パーソナライズド・メディア」に包括されます。

しかし、わたしが本書で語るメディアは、ウェブ2・0的に言えば、それらＣＧＭによる「集合知」的なものばかりを指すわけではなく、旧来の出版社や放送局がやろうとしてきたように、意図を持ってオーディエンスを惹きつけ、その価値を換金しようとする個人や組織のメディアを指します。

こういう話をすると、「じゃあ、儲かるのか？」ってすぐ聞く人がいますが、始めただけで成功するビジネスなんてあるわけないですよ。

Lecture 02
「注目」資本主義は企業広報を変えた

アテンションこそメディアの通貨

すでに、皆さんはアテンションエコノミー（Attention Economy）という言葉について、聞いたことがあるかもしれません。

わたしの理解におけるアテンションエコノミーとは、インターネットやさまざまなメディアインフラの普及により、情報が超供給過多となり、その中で人々の注意（アテンション）を喚起すること自体が、経済活動の中でも重要な役割を占めているということです。そして、人間のアテンションは無限ではなく、有限であるため、狭いパイの奪い合いとなるわけです。

実は、2005年、サンフランシスコで開催されたあるカンファレンスで、わたしはアテンションエコノミーと銘打った講座を受講したことがあります。モデレーターは、「リナックス・ジャーナル（Linux Journal）」編集長のドク・シールズ氏（Doc Seals）でしたが、「情報公害」からいかに自分たちを守り、アテンションを受け渡さないために防衛していくか、というユーザー側の権利を訴える内容でした。

本稿では、企業の経済活動として、このアテンションエコノミーという言葉を用いていています。言い換えれば、アテンション資本主義とでも言いましょうか。ウェブではトラフィックが通貨と言われますが、まさに、メディアにおいては、アテンションこそが通貨です。

また、わたし個人は企業側によるアテンションコントロールを適切なものに振り当てれば、「情報公害」は逓減させることができるのではないかと思っています。楽観論ですが。大切なのはアテンションの濫用ではなく、グッドインテンション（善意）に立ったアテンションエコノミーであり、そこへの第一歩は、まず発信側企業がコンテンツの運用にメディアとしての自覚を持つことだと考えています。

もう退屈なお仕着せコンテンツや、ウザいＳＰＡＭ（迷惑メール等、不要な無差別配信コンテンツ）は要らないってことなんですけれどね。メディア企業がそれをやってしまえば、人はもはやその企業の情報を信用しません。ゆえにネット上で情報発信するあらゆる企業は、自分がメディアであるという自覚を持つべきなのです。

「注目」の争奪戦はより苛烈に

いつも、メディアが新しいメディアに（たとえば、テレビがインターネットに／本が携帯電話に／映画がＤＶＤに）脅かされているという話は、人間の時間が有限資産であるため、可処分時間を巡り、さまざまなデバイス（情報機器）がパイの奪い合いを行っているという話だったりします。

しかし、多様化するライフスタイルの要求に合わせて多メディアが確立され、ワンセグやＦＭＣ（Fixed Mobile Convergence：固定通信網と移動体通信網の融合）、さらにその先のＮＴＴが提唱する次代の通信網ＮＧＮなどが完全実現された場合（まだ先のようですが）、多くのデバイスには遷移なくコンテンツが供給されるため、多メディアは多チャンネルを意味することでしょう。

また、そんな近未来の話をせずとも、すでにインターネット上の多くのコンテンツデータはRSS／ATOM【＊1】などでフィード（配信）され、シンジケート（組織・連携）されています。すると、それらを収集するアグリゲーターと呼ばれるサイトでは、多くのコンテンツは等価に併置されるため、ユーザーにとっては、個別コンテンツにどのくらいアタック（惹き）があるか、表題や件名がにわかに重要性を帯びてきます。

すでに、多くのポータルサイトでは、大した内容でもないニュースにあざといタイトルがつけられていて、ついクリックしてしまった経験を持つユーザーも少なくないことでしょう。これが、いまそこにあるアテンションの争奪戦です。もちろん、派手な化粧ばかりで、中身がなければ飽きられてしまうわけですが。

紙のメディアと違い、パッケージングされた文脈から切り離されたコンテンツは、単独にデリバリーされたとき、ユーザーのアテンションをどのくらい喚起できるのでしょうか。

また、多チャンネル時代において、どのコンテンツが勝利を収めるのでしょうか。

つまり、アテンションが有限資産であるからこそ、苛烈なアテンション争奪戦が起きるのです。そんな中、企業の情報活動はこれまでのような「自分たちが言いたいことだけを言う」トップダウン型では、もはや相手にされません。

【＊1】**RSS／ATOM**
ブログなど更新情報を伝える文書の記述形式。これを活用することで、いちいちブラウザの「お気に入り」に登録せずとも、よく閲覧するサイトの新規情報が入手できる。筆者が監修した『企業のためのRSSマーケティング』（日経BP社）に、その概念、具体的な記述方法、導入から活用までの事例が詳しい。

見込み顧客や投資家、それらの予備軍に対し、アテンションを喚起するためには、「よりアクセスしてもらい、囲い込むためのコンテンツ」戦略が基本となります。

これは、すでにメディアパワーが受け手側に移譲されたという認識でよいかと思います。それを前提にコンテンツ戦略を練らなくてはなりません。メディアパワーは、発信者側がコントロールできるものであるという話は、メディアの数が限られていた時代の話です。そんななか受け手が欲するコンテンツを供給することが、メディアが持つグッドインテンション（善意）になるのです。

これまでは、企業が配信する記事の中でも、気の利いたアテンション獲得手法として「記事タイアップ」と称する手法が洗練化されてきました。

それは現在も繰り返されていますが、アテンションを喚起し続けるには、記事タイアップは「点」でしかありません。さらに、インターネットのおかげで、たとえばクルマ雑誌なら、「あのメディアは外車礼賛のくせに、広告をもらっているから、国産のほにゃらら社のクルマばっかり褒めてるぜ」ってのがバレバレになっています。また、ある業界向け雑誌には企業のトップが記事を書いていますが、実はお金を払ってページを買い取り、寄稿しているように見せているだけということもあります。

「点」と「点」を繋いで「線」とするには継続する必要があります。しかし、さらにそこからユーザーの中に文脈を醸成させ「面」にまで持っていくためには、専業のメディア企業が発行する媒体の中で繰り返しても、コミュニティ組成はなかなかできません。

応援団をつくるためには、企業自らが発行者となり、メディアを継続運用するほうが効率的なのです。なぜなら、コンテンツによって、人々を集め、そこからコミュニティを組成するということは、メディア企業が自社媒体で行ってきた活動そのものなのですから。

そのためには、顧客層の気分を先取りし、またニーズに合うコンテンツを送り届け、信頼関係を醸成する必要があります。つまり、メディアになるということなのです。

アドバトリアル（広告記事）やタイアップ番組などは、コンテンツ＝提供したい情報という、提供したい情報をいかにユーザー側の視点で再構成し、アテンションを獲得するかというテクニックに立脚していますが、わたしが述べるアテンションエコノミー時代の「アクセスしてもらうためのコンテンツ」戦略では、方法論は異なります。

企業のメディア戦略は「ストーリーの提供」へ

むしろ、こそこそと記事に宣伝を忍ばせるのではなく、堂々と広告すればいいのです。つまり、受け手側主体でコンテンツを編むとき、企業側が読んでほしい記事はエディトリアルのオマケとなるのです。

なぜなら、メディアはあくまで相手が読みたいものを提供するわけですから。その企業が言いたいことが第一義にくるわけではありません。最初に想定読者が読みたいものを提供し、そのインターバルに言いたいこと（売り込みたいこと）を織り込んで評価を待つのです。

広告の功罪はいろいろあるでしょうが、たとえば、哲学も技術もなにもない金儲けしか頭にない企業を、よりよく魅せてあげる片棒を担ぐことがままあります。しかし、これからはネットがある限り、そういった底上げ作戦も長くは続きません。後に問題を起こしがちな新興企業ほど宣伝費を多く遣うものです。今後は、「本物」として思想や技術を発信することで、ブランドとなり、またモノ言う消費者たちとの友好的な関係を築くべき転換点にあるのです。

それも既存メディアが「これはあくまで、スポンサーではなく自分（＝既存メディア）の主張ですよ」というように、お金をもらってこっそりと織り込むやり方ではなく、企業自らが「われわれの言いたいことはこれですよ」と、堂々と盛り込めばいいのです。

わが国の場合、比較広告はなじみにくい土壌があります。ならば、なぜこの技術がいいのか、という主張を展開すればいいのです。信頼を醸成するには、考え方や意見を表明することです。そして、そのうえで商品やサービスに自信があるのなら、おおいにPRすればいいでしょう。エディトリアルのおまけとして商品を売り込みましょう。すでに、もし想定読者がその企業が発行するメディアに意義や価値を感じているのなら、頑なに拒まれるということはないはずです。

メディア企業による記事タイアップは今後もなくならないと思いますが（第三者による称賛のほうが自分で主張するより、それっぽいですからね）、わたしは今後の企業活動におけるメディア戦略は、「ＰＲ」よりも、「ストーリーの提供」という方向に軸足を移しつつあると考えます。

それは、「企業が言いたい情報」の提供ではなく、相手が読みたいストーリーを提供することです。そして、そのストーリーの中や、あるいは近くに「企業が言いたい情報」への導線を確保することが必要になってくるでしょう。さらに、それがウェブ経由であれば、どの記事からのコンバージョン【＊2】が高かったのか、CTR（クリック率）【＊3】もはじき出せます。高い金額を支払って記事を書いてもらったものの、効いているのかいないのかよくわからない紙メディアの広告より、ROI（投資効果）は計りやすいですよね。

もしかしたら、これから紙メディアはひたすら、その信頼を担保に企業ブランド向上のために記事を書いたり、広告を集めるという、ある種の心理的なマーケティングのために用いられる方向に進むのかもしれません。

実は雑誌社が気づいていないのは、信頼に足るはずだった自分たちの媒体が、出稿企業へのご機嫌伺いにより、提灯記事のオンパレードとなり、それをマニアたちに見破られていたりすることです。専門誌がもっとも信頼できない媒体だったりするという事態は、人気に翳りが出てきた分野ほど起こりがちではないでしょうか。

昔は、「あのメディアに悪く書かれたら、製品が売れない」などと、企業がペコペコしていましたが、いまは立場がすっかり逆転し、「広告が欲しいのなら、これを記事内で取り上げろ」といった感じで、パワーバランスに変化が起きました。それだけ、メディアパワーの水位が下がっているのですが、気分は昔のまま

【＊2】コンバージョン
ネットにおいて、物品の売上げや資料請求など、最終的な成果に至る指標を指す。コンバージョンレートは、アクセス数のうち、実際に結果を達成した率。

【＊3】CTR
広告がクリックされた数÷広告の表示回数で求められる。

という出版人は意外と多いものです。もはや紙メディアは、作っている側が食べるために刊行し続ける、といった様相を呈しています。あるいは読者とともに高齢化した「村」と化し、かつての権威も最近の消費者には無関係になってしまったのです。消費者はまず紙をめくるよりも早く、ネット上で検索するのですから。よって、読者を中心に考えた場合、情報の入手は「紙をめくる」という行為よりも、電子デバイスを「クリックする」という方向にシフトしてしまったのです。

Lecture 03
ストーリーの提供で価値を創出する

前回、ストーリーを提供することにより、コミュニティが組成できると言いました。ただし、「企業が言いたい情報」を一方的に送り続けているだけでは、当然のことながらコミュニティは組成されません。

ストーリーにより、信頼やブランドが醸成される時代です。ストーリーは、テキストだけで構成されるとは限りません。動画や音声などのリッチコンテンツはもちろん、ユーザーによるフォーラム（掲示板）、ブログやＳＮＳ（ソーシャル・ネットワーキング・サービス）、Ｗｉｋｉ【＊1】も駆使し、紡がれていきます。

以前に、ネット上で話題となったアニメ『涼宮ハルヒの憂鬱』について、原作を持つ角川書店の野崎岳彦氏（当時スニーカー文庫編集長）にわたしが主催するイベントで話をお伺いしたことがあります。アニメがヒットし、さらに原作が売れまくったというヒットの連鎖について、その要因を聞きました。

【＊1】Ｗｉｋｉ
本来はユーザーが書き込み、編集もできるシステムやソフトウェアのことを指したが、最近ではそれを使って成功したウィキペディアのことだと誤解されている。元来、システム名なのだが。

カギは「ストーリーの共有と創出」

同アニメのヒットにおいて、メディアミックス（YouTube への画像投稿など）は副次的な現象であり、そのカギは、わたしなりの言葉にすると「ストーリーの共有と創出」だったのではないかと思いました。

野崎氏は、同作品には文庫の上位に、「ハルヒ憲法（憲章）」のようなものがあり、主人公のハルヒならこうする、という行動の指針として、演出やストーリーの制作の折に照らし合わされるとのことでした。そのため、アニメも音楽もプロたちにより、その「ハルヒ憲法」によってつくられ、さらにユーザー（読者や視聴者）たちも、その憲法を理解・共有し、そこに YouTube やブログを通じて参画することで、さらなる大きなムーブメントが起きるまでに至ったのではないか、ということです。

この場合、わたしがカギと言ったのは、優れたストーリーを提供することさえできれば、多くの人たちがそのストーリーを中心にメディアを創出し、さらに大きなストーリーを紡ぐことができる、という可能性のことです。

これまでのメディア組成はトップダウン型でしたが、現代はフィードバックや新しい提案も含めて、メディアは複合的につくられていきます。

起点に編者がいるのですが、そこから先は、単に読者が読んでオシマイではなく、読者による改造、改変、改良が行われています。そのため、メディアを組成する構成員はプロばかりではなく、著作権的に非合法的なマッシュアップ【＊2】を行う個人も含まれてきます。さらに、どうでもいいような感想を述べるイマイチな個人ブロガーも、検索エンジンから見た場合には、重要な広報要員となります。「ここがダメ、あそこがダメ」と批判をする人も、程度にもよりますが、外部デバッガー（改良者の意）として有益な存在かもしれません。

マッシュアップを許容し、むしろオフィシャルにそういう場や機会を用意してあげることで、ストーリーはさらなる価値を帯びるかもしれません。

わたしはそのような施策は、すべて「メディア政策」の範疇かと思うのですが、これからの編者は、単にコンテンツをつくるだけではなく、人の動線というものをどう設計できるかが求められていると思います。一部企業においては、ＣＭＯ（Chief Media Officer）が存在するように、これからはそのようなスキルに対する需要はますます高まることと思われます。

おさらいをすると、これからの企業におけるメディア戦略では、企業が一方的

【＊2】マッシュアップ
もともとはクラブシーンから派生した二つの曲を一つの曲につなげる手法であったが、ネット系業界人の間では、ある会社が公開しているサービスやその仕様を使って、ほかのサービスや技術とつなげていくことを指す。

に主張したいことが「主」ではなく、提供するストーリーの「従」となります。これは、メディア活動そのものです。

たとえば、人気コミック『デスノート』は、同作品のストーリーや作画によって支持を受けたわけであり、集英社という企業ブランドは、『デスノート』を開発&デリバリーした背景装置として従となります。しかし、アテンションを喚起されたユーザーたちは、集英社の他の作品に残りのアテンションを向けるかもしれませんし、これだけのストーリーを送り出せる同社について、その後も注目することでしょう。良いストーリーは、それを送り出す企業のブランドを高め、ユーザーのロイヤルティを向上させるのだと自信をもちたいものです。

マスではなく「インフルエンサー」を狙え

たとえば、米国のマミーキャスト・コム（MommyCast.com）は、2人の子育て奮闘中の主婦によるポッドキャスト番組【＊3】ですが、ここにディクシー（DIXIE）という紙おむつなどを製造する企業がスポンサードしています。

【＊3】ポッドキャスト番組
ひと言で説明すると、オーディオや動画などを使ったブログ。ポッドキャストの名をいちやく広めたのはアダム・カリーというアメリカ人（元ＭＴＶの有名ジョッキー）。そもそも、それを聴くためのユーザー環境がｉＰｏｄを想定していたため、その名がついたようで、現在は名称の見直しを求める声も少なくない。

ドラマなどへのスポンサーシップと若干異なるのは、ドラマはあくまでCMを視聴させるという目的により、視聴率が高いコンテンツはより多くのアテンションが集中しているので、そこに対して認知を喚起させます。しかし、ここではすでにマミーキャスト・コムの提供する「ストーリー」に共感したコミュニティがターゲットですので、ディクシー社の企業活動と同ストーリーの親和性が高ければ高いほど、その読者層に影響を及ぼしやすいと考えるべきでしょう。

それはストーリーが核となるコンテンツセントリック（centric＝中心主義）なメディア戦略であり、マスを狙うというよりも、一部の「インフルエンサー（影響力のある人たち）」を対象にしたものです。マスへの訴求は「認知獲得」ですが、ネットのメディアはインフルエンサー対象のものが少なくありません。

国内に目を向ければ、ゼネコンの前田建設による「前田建設ファンタジー営業部」は、有名アニメ「マジンガーZ」の光子力研究所（たとえば、施設の一部にプールがあるが、プールは二つに割れて、地底からマジンガーZという巨大ロボットが出動するための格納庫となっている）の建設を前田建設が受注した場合、どのように実現していくかを「ファンタジー営業部」が真剣に考えていく様をコンテンツとしています。これにより、読者はニヤニヤしながら読み進むうちに、前田建設の技術力や過去の仕事などが散りばめられたそのコンテンツを通じて、前田建設ファンとなっていくのです。これは、いわば「娯楽型企業ＩＲ」なのです。クルマ・バイク好きが、たとえば、ＢＭＷのロゴは戦前に同社が製造していた飛行機のプロペラから見える空と雲を意味しているとか、メルセデスベンツのメルセデスが出資者の娘の名前だとかいう蘊蓄に弱いように、ブランド形成にはストーリーが欠かせません。そして、前田建設はそのストーリーの提供を自ら行っているのです。まさに見事なコンテンツセントリックなメディア展開です。これには脱帽しました。

「メディア力」とはストーリーテラーの能力

わたしが思うのは、プロのメディア屋ではなくとも、ある種、発信したくてウズウズしていたり、もしくはもともとメディア的素性を持った人というのは、どこにでもいて、誰でもすぐにメディアを立ち上げられる時代だからこそ、企業内に眠ったそういう人的資源をメディアパワー、つまりメディアにおける通貨であるアテンション稼ぎ資源に換金すべきであると思うわけです。

企業トップによるブログが自社ＰＲよりも注視されたのは、ユーザーの好奇心を刺激し、雑誌におけるコラム連載のようなストーリーの提供に近かったからでしょうか。WOMMA（Word of Mouth Marketing Association――全米の口コミ・マーケティング協会）に言わせれば、ブランド・ブログ・マーケティングということですが、わたしに言わせれば、これはもっとも手軽なストーリー提供ということになります。ただし、この場合、ストーリーテラーの能力が重要になってきます。高い人気を誇る政治家は優れたストーリーテラーであり、それが即「メディア力」であり、支持率に反映される時代です。善し悪しは別として、猫も杓子もメディアの受発信ができる時代ならではの「ストーリーテリング」というものが明らかに存在しているのです。

Lecture 04

デジタル化で消えてゆくのは雑誌・書籍・新聞のどれ？

ネットと印刷・出版、中でも「雑誌」と、ネット上のそれとの差異について、お話ししたいと思います。

雑誌的なるものについての話をする前に、書籍と雑誌の機能というか、存在意義の違いについて述べておきたいと思います。

まず、雑誌は、超短時間でプレビューできる要約された情報が集積、あるいは特定目的のためのＴＩＰＳ（便利な小技のこと）や知識が提供されていたり、特定の目的もなく時間を潰すための消費的情報が置かれ、それを読むこと自体がエンタテインメントであったり、読者＝ユーザーが参加し、情報を共有し合うための場であったりします。この特徴はそのまま、紙の雑誌もネットのそれも同一かと思われます。

「メッセージは冗長でないと記憶されない」ということを、どこかの哲学者か詩人が言っていたと記憶しますが、文脈を理解するためには冗長さが必要とされるのではないでしょうか。ドラマなどが典型かと思われます。その意味で、書籍は文脈を編み、それゆえ本書のように冗長で「あらねばなりません」。

そして、それは冗長であるがゆえ、インターネットの外部に持ち出すこと「も」可能なのです。雑誌はそのままインターネット上にあっても何ら不都合がありません。冗長さ、つまり文脈を織るのは、「持続可能性」となります。インターネットの外に「雑誌」を持ち出す場合には、逆にそれなりの付加価値や理由づけが必要となることでしょう。

自分という人間の人格形成において、知識や感動体験の山河を形成する綿々と連なる「経験」の頂《いただき》があるとして、研究者はともかく、普通の人が自分のそばに置いておきたいと欲するものは、その一連の文脈、つまり、その山河の中のひとつひとつの頂をリアルな物体として所有したいからではないかと考えます。

もちろん、かつてわたしがつくっていた雑誌など、ありがたいことに、いまでも「引っ越ししても、棄てられません」と言っていただく機会もあるので、書籍のみならず、雑誌すらつくりようによって、「文脈」として手許に置きたいという欲求の対象になり得るのだと思います。

しかし、ほとんどの雑誌はどちらかと言えば、機能的かつ消費的であったり、後述しますが、コミュニティのハブやシャフト（軸）となるような同人的なものに近いと思います。

それに対し、本書のような書籍は（特に有体物としてのそれは）、その冗長さゆえメディア・コンバージェンス（収束・融合）の流れから独立して存在することが可能な、完結したメディアという気がします。つまり、文脈が個人の中に置かれるがゆえ、外部性を必要としないつくり「も」可能なため、クローズドなテキストとして存在できる、歴史上もっとも旧くて成熟した（＝完成された）メディア形式だと思います。

ただ、携行したデバイス経由で読むことがもっと安楽になり、今後 ePaper【＊1】のようなものに変容する可能性はあります。しかし、基本的にはいまのインターフェイスと流通網はかなりの完成度を持っていると思います。

米の未来学者アルビン・トフラーがかつて、「もし、デジタルが百年の歴史をもっていたとしても、紙が発明されたら、人々はそちらに飛びつくだろう」というようなことを述べていたのを読んだことがあります。わたしもそう思うし、紙メディ

【＊1】ePaper
ここでは一般的に電子ペーパーという意味で使用。つまり、紙ではなく、紙のように薄くて折り曲げ可能な液晶等を使用した情報機器のこと。本書で後述しているが、eインクという技術も存在する。

アの優位性を否定するつもりは毛頭ありません。ただ、写真の銀塩フィルムと同様、それを生産し続けるコストが上がり、資源としての残存時間が少なくなっていくため、レアメタル(稀少な非鉄金属類)ならぬ、レアメディアとなりつつあることも事実です。

新聞的・雑誌的なるものが進化したその先

一方の雑誌や新聞ですが、わたしは書籍と同じようには考えていません。

私見ですが、両者の違いは更新頻度とインターフェイスの問題のみで、両者の差異は限りなく小さくなりつつあるかと思います。無論、その機能やつくるひとたちの心構え、また社会通念上での役割などで、その両者は隔てられるのみで、特に新聞は限りなく「雑誌」的なるものに、雑誌は「新聞」的なるものへと、ますます近接していくかと思われます。

実際に、メディア王ことルパート・マードック氏率いるニューズ・コーポレーションの傘下に入ることが決まったダウ・ジョーンズ社が発行する「ウォールストリート・ジャーナル（ＷＳＪ）」ですが、紙のほうは記事と判型がスリム化し、オピニオンなど長めの記事はウェブ版ＷＳＪに、という棲み分けがなされています。ウェブ版ＷＳＪは、全米でもっとも読まれているサイトのひとつですが、ここで紙の新聞の役割は「ちょい見」へと変容しつつあります。そして、ウェブ版は雑誌化しつつあります。

そもそも雑誌とは何でしょうか？

ウィキペディアによれば、雑誌の定義として「定期的に出版され、ニュース性のある記事やジャンル別の様々な事柄を集められた出版物。新聞と書籍の中間的な存在」とありますが、エッセンスを抽出するならば、「定期更新される」「ニュース性がある、もしくはジャンル切り」「新聞か、書籍の枠には収まらないもの」ということで、ブログを含む、多くのサイトが該当するかと思われます。

先に述べたダウ・ジョーンズの例は、新聞が雑誌化しつつあるという話ですが、逆のパターンもあります。それは雑誌が新聞の領空侵犯を始めたということです。たとえば、ウェブの雑誌が、毎日、いや、毎時に定期更新されたら、それは情報配信の頻度という点で新聞とは何が違ってくるのでしょうか。

事実、わたしが米国からライセンスを取得したブログを利用したメディア「ギズモード・ジャパン」では1日に数多くの記事がアップされ、何かイベントがある場合、リアルタイムで速報が更新されていきます。このようなメディアは、雑誌でも新聞でもあり、「書籍ではない何か」なのです。もはや、物理的な形状と流通チャンネルの違いで認識されていた頃のメディア像で語ることに無理が生じるのです。

ちょっと前置きが長くなりましたが、わたしが言う「誰でもメディア」のメディアとは、書籍を除外した、紙の雑誌、もしくは新聞的・雑誌的なるものが進化した先にある、ひとつのメディア像についてのことだと思っていただいて構いません。

雑誌の価値はそれを取り巻くコミュニティに

米の有名ブログのひとつバズマシーン（BuzzMachine）のブロガー、ジェフ・ジャービス氏（Jeff Jarvis）とナショナル・ジオグラフィック・ソサエティの社長であるジョン・グリフィン氏（John Q. Griffin）が、経済誌「ファーストカンパニー（FastCompany）」の連載企画である公開ディベートの中で、「印刷は滅ぶのか？」

というお題でやり取りした記事がありますが、興味深い言葉がありました。

ちなみに、ジャービス氏は「DELL Hell（デル地獄）」【＊2】という不買運動につながるブログの書き込みで名を馳せたバリバリのブロガーです。わたしはニューヨークでこの人の講演を聞いたことがありますが、早口で頭のキレるオッサンという印象。余談ですが。

ジャービス氏曰く、「印刷は死んではいない。印刷というのは、言葉が死にゆく場所である」とあります。

言葉には「生きた言葉」と「死んだ言葉」があって、印刷媒体はインクがセメントのように言葉を固定しているのかもしれませんね。

「生きた言葉」とは、わたしたちが日常的に使用するオーラル・コミュニケーション（会話）というものから、携帯でのメールや掲示板での会話など、ある種の文脈の中で行われる口語以上、文語未満のものも含めた疑似オーラル・コミュニケーションまでの多岐にわたるでしょう。

さらにその延長に、ブログやSNSなど書物の中の言葉ほど切磋琢磨されたものではないけれど、多少は慎重に、でも規約やスポンサーに縛られずに自由奔放に書かれ、そのコミュニティ内での会話を育み、次々と展開、他者によって補完、

【＊2】DELL Hell（デル地獄）
2005年、DELLのPCを買ったジャービス氏は、不調のPCとその修理におけるDELLの対応のまずさについて批判をブログで展開した。それが多くのブロガーに引用・言及され、DELLで検索をかけると、「DELL Hell（デル地獄）」の記事が企業名よりも上位にランキングされた。後に上層部も知ることとなり、今日までの徹底改善に至った逸話として有名。

もしくは否定・検証されていく言葉というものがあるのでしょう。

かつて、わたしの仕事上の知己でもあり、その著作『ザ・サーチ　グーグルが世界を変えた』(日経BP社)の著者ジョン・バッテル氏は、自分のブログで、メディアを「パッケージされた物メディア(Packaged Goods Media)」と「会話型メディア(Conversational Media)」という2種に分けています。

バッテル氏は、「パッケージされた物メディア」の考え方は、コンテンツの配付先がインターネットでも、発行者にとって、それはニューススタンドやケーブルで配付するのと変わらず、せいぜい配付チャンネルのひとつくらいに見なしているということを述べています。

そして、興味深いのは、「会話型メディア」との決定的な差異について、「パッケージされた物メディア」が依拠しているのは、「知的財産の所有と統制」であり、「高価な配付システムの所有と統制」、さらに「前述した2つに依拠する広告と定期購読によるビジネスモデル」だと整理しています。これは飛び抜けて大きなポイントでしょう。なので、「会話型メディア」はまったく違うビジネスモデルとなることを示唆しています(彼が語る「会話型メディア」は、主にCGM、ソーシャルメディア【*3】のことを指しています)。

【*3】ソーシャルメディア
CGMの別の呼び方。ただし、CGMにはあまり数えられていないセカンドライフなどの仮想空間コミュニティも包括されるだろう。

さて、わたし自身は「パッケージされた物メディア」の中で、割と気に入っている点は、編者がコンテンツを選び抜き、ユーザーに提示するやり方です。また、「会話型メディア」だけがメディア界の善玉菌だとも思っていません。「パッケージされた物メディア」と「会話型メディア」の双方の良い部分がうまく組み合わさって、有益な価値を携えてくれればいい、と思います。

わたしが気にしたいのは、そのどちらであれ、大切なのはユーザーにとってのハブやシャフトになり得る情報拠点であることだと思います（必ずしも有益な情報だからと周囲にユーザーが集うだけではなく、テイストというか、「好き／嫌い」もコミュニティ組成の大きな要素かと思っています）。

前述のジャービス氏は、「雑誌の価値は編集者でも、記事にあるのでもなく、それは雑誌を取り巻くコミュニティ」であると言います。

わたし自身も、まったく同じ結論を抱いております。

わたしがここで綴る「誰でもメディア」とは、実は、これまで紙の雑誌が担ってきた役割を正当に受け継ぐものである、とわたしは考えています。

もちろん、本書をここまで我慢しながらお読みいただいた皆さんには、わたしが雑誌という言葉を使ったとしても、それが雑誌コードを取次会社から取得し、全国のコンビニや書店で販売される紙のアレを指すだけの狭義な意味でないことはご理解いただけるかと思います。

コンテンツはクラウド化する

なので、本書の冒頭で「出版」という言葉についてこだわりましたが、それは現在の雑誌出版というものの多くが、ウェブの出版に取って代わられていると考えるからです。もちろん、新聞もそうなりつつあると思いますが、在野精神に富み、誰でも立ち上げることができる雑誌よりは、新聞は情報の取得について特権的な性格を帯びるため、本稿では話がややこしくならないように雑誌的なるものを中心にして考えます(しかし、多くの業界紙や特定分野の新聞は雑誌と同様に考えてもらってよろしいかと)。

読者に届ける手段について、それが「搬送」、もしくは「通信」、あるいは「放送」なのか言葉の定義はともかく、それらはすべて送り手側と受け手側にとってのコンテンツをやり取りする際の広義な意味での「プロトコル(通信手順)」にしか過ぎません。

「出版」は、プロトコルがそのまま「出版」という言葉を示すようになりました。

コンテンツについて語られることの多くは、紙を束ねた雑誌という形の容器に閉じ込め、印刷所からトラックで全国の書店に搬送し、売れなかったら返本される委託配本制など、これは受け手側と送り手側におけるプロトコルの話です。

いまではコンテンツが紙という容器より飛び出て、インターネット上における雲（クラウド）として遍在しています。

よって、わたしが本書の元になったコラムをネット上で連載開始したとき、またぞろ「出版」を別な呼称に言い換えて、妙味を見いだそうとする山師が出てきたぞ的なご批評もいただきました。普通に「放送」や「配信」とか呼べばいいだろ的な。しかし、雑誌と出版を狭義な意味で語り、さらに「放送」と「配信」というプロトコル（通信手段）に区別することは、メディアの未来を見渡すときに、視野狭窄に陥る可能性があり、メディア企業の可能性を狭める危険がある、と思ったから、「出版」という言葉を広義に解釈している次第です。

Lecture 05
雑誌の本質とは何か?

すでに前回まででさんざん繰り返しておりますが、わたしが言う「誰でもメディア」とは、紙の雑誌が進化したメディアだと思っています。

ですから、今回わたしは「誰でもメディア」のチャンスとは、紙の出版社がやらなかったことの中に埋もれていることが多い、と申し上げましょう。

「誰でもメディア」が示唆すべき教訓のひとつは、「他人(特に出版社)の進化を奪え」です。すでに奪われている出版社の方は、「じゃあ、やることないじゃないか! 奪取し返せってか?」とやる方なしかもしれませんが、その通りです。信用力や知名度はすでにあるわけですから、きちんとウェブを見据えて進化し、ライバルをなぎ倒すべく計画を周到に練る必要があります。ただし、紙は捨てて考えてください。冗長性が担保された書籍についてならデジタルメディアと組み合わせられますが、「紙の雑誌」とデジタルのそれは共存する可能性は相当低いと思われます（本書で後述しますが、読者の行動属性や地域属性に特化しているなら話は別）。

ネット上のサービスは、先行者有利といわれますが、検索エンジンのグーグルも、急速に成長しつつあるSNSのfacebookもそれぞれの分野では後発です。まず、先行しつつも失敗している点を観察する余裕がフォロワーにはあります。もうひとつ、技術は常に革新されるため、一度、古い技術でサーバやシステムを構築したまま巨大化すると、おいそれとそれを改修できません。そこの改修までのタイムラグを狙う、「進化スパンの略奪」という戦法もなきにしもあらず（よほど小資本の相手に限りますが）、です。

ただし、ナンバーワンと同じことをしては意味がありません。ナンバーワンが抱えている問題点を洗い出し、その解決策とプロフェッショナルにしかできないコンテンツや見せ方を呈示すればいいのです。そういったことが奏功し、立場を逆転できるかもしれない点がネットの醍醐味でもあります。まず、正常進化を果たすこと。そしてもうひとつ。その地位にあぐらをかいて、ぼんやりしている競合他社の進化を奪えばいいのです。

しかし、多くの紙の出版社においては、まず正しい進化を遂げることが優先事項でしょうか。

たとえば、「フォートラベル」【＊1】という旅行情報サイトがわが国にありますが、これは、かつての紙しかなかった頃の「地球の歩き方」じゃないでしょうか。書籍「地球の歩き方」が当初、そのままコンセプトをネットに移植していたら、フォートラベルだったはず。つまり、「地球の歩き方」は紙の時代からすでにCGM（コンシューマー・ジェネレーテッド・メディア）だったわけですね。

いまではネット的コンテンツが拡充され、ウェブメディアとして進化している「地球の歩き方」ですが、その初期には、同ウェブサイトには書籍『地球の歩き方』の宣伝しか載っていないという印象でした。多くの出版社のサイトは自社の本の宣伝に彩られていて、ユーザーには見るべきもののない「一応、あげておきましたサイト」というジャンルに含まれます。

それはなぜかといえば、冒頭にも述べたように、出版社は「流通オリエンテッド」なビジネスモデルですから、ネットは「捨てている」のです。もし、かれらが、わたしが主張するように、ネットを雑誌や一部書籍（冗長じゃないもの）が進化する場所として仮定している場合、既存のブランドとその知名度をひっさげて、この手の分野でナンバーワンになれた可能性の余地を多く含みます。つまり、ネットで既存メディアが出遅れている最大の原因は、技術や人的リソースなどの

【＊1】フォートラベル
http://4travel.jp/
旅行に関する口コミサイト。地名などで検索すると上位に出てくるケースが多く、そこからチケット予約やツアー案内へ誘導している。

要因ではなく、「やる気」の問題。もっといえば、自分たちメディア企業の本質をどう捉えるのかという「思想の問題」なのです。

そのため、先のフォートラベルのように、後発の新参メディアによる「本歌取り」が行われるのです。たまたま「地球の歩き方」の例を出して、関係者の方にはたいへん申し訳ないのですが、すごくわかりやすい例なので挙げさせていただきました。しかし、「本歌取り」はあちこちで多発していることなのです。「ウェブなんて屑情報のたまり場を、紙と一緒にすんない！」というプロの出版人たちも少なくありません。あるいは、「ウェブやモバイルへの進出は今後避けては通れないという認識はあるけれど、なにをしていいのかわからない」と嘆いている方のほうが多数でしょう。しかし、ウェブメディア側からみると、それは安穏としていて、なにもしていないことと同義なのです。ウェブに手薄でありながらも、ニッチなコンテンツを有するメディアほど、「本歌取り」では美味しい標的だったりします。

機能提供型メディアとウェブの親和性

「2ちゃんねる」は、議論の場によっていろんな顔をもつので一言で括るのも乱暴でしょうが、基本的に「参考になる情報」と「(時間を)消費するためだけの情報(=娯楽)」を兼ね備えていて、昔で言ったら、いろんな読者投稿型雑誌やミニコミ誌が持っていた要素だと思えなくもありません。つまり、雑誌の欄外に掲載されるような「1行コメント」です。それが過激かつ、アナーキーに進化したのではないでしょうか。しかも、タダで逐次生成されるのだから多くの「(時間を)消費するためだけの情報」誌にとっては手強い存在です(この場合、ラーメン屋や床屋によく置かれている雑誌の記事と同様、その情報の真贋は措いておきますが)。

あるいは、読者がどんどんコンテンツを進化させていく芸が、「VOW」とか「びっくりハウス」っぽいでしょう。高尚な見方をするなら、消費者の本音が飛び交うスレッドなどは、編者のいない「暮らしの手帖ぶっちゃけ版」と言えるかもしれません。

逆に、「バイクブロス」や「Goo Bike」などの中古バイク検索サービスは、誰の進化を奪ったかと言うと、これは自ら進化したわけですね。わかりやすすぎて身も蓋もありませんが、中古バイク情報誌はウェブに移植されて、紙にできなかったこと以上のパワフルなことができるようになったわけです（車種検索やバイク店の在庫情報などの随時情報入力・表示など）。

「Hanako」や「グルメぴあ」もそういった例なのかもしれませんが、共通の趣味や性癖などコミュニティ組成に直結するもの、またCGM的なもの、あるいはイエローページ的要素が強いもの、これら紙媒体はウェブに移行する必然性が高かったわけです。

上記の雑誌は、ウェッジシェイプ（くさび型）などとも呼称され、くさびがひとつの方向に鋭く起立するよう、特化した目的のために存在するような、読者のために「機能」を磨いて売りとするメディアです。

そのような機能提供型のメディアは、ビジネスモデルも明快で、ウェブや携帯、そしてまだ見ぬ新テクノロジーの革新と親和性は高いと思われます。これらはコンテンツのアグリゲーション（集約）が命であり、文脈やテイストはさておき、まず先にその分野を切り拓き、ブランドを確立することが大切でしょう。

つまり、「雑誌」こそはコミュニティ・メディアであり、その容器は紙の束という器を離れることで、さらなる自由を獲得するのですが、「機能主義」的な雑誌はその急先鋒となります。

特定の興味を抱くユーザー同士が集まる場は、かつては紙媒体が形成したコミュニティだったりしたものです。

変態な例で申し訳ありませんが、でも、わかりやすいので、引かせてください。かつて「オレンジピープル」という夫婦やカップルのスワッピング情報誌がありました。その分野において唯一無二の最大の情報誌だったのではないでしょうか。しかし、ネットが普及すると、わざわざ雑誌を買って、スワップ相手を探す手間が省かれます。そうすると、「オレンジピープル」がやるべきことはただひとつ。ネットに本籍を移すだけ。同誌は廃刊したと聞きますが、もしかしたらウェブに進化を果たしたのかもしれませんし、その後日談はマニアにあらぬ筆者の知るところではありません。しかし、「オレンジピープル」を引き合いに出したのは、雑誌の真髄がコミュニティ形成にあるということを端的に語っているような好例だからです。もちろん、世間からは「変態」と蔑まれるでしょうけれど、そのようなニッチな欲望に対してメディアはひっそりとソリューション(解決策)を呈示してきたものです。

ライフスタイルの数だけ雑誌があっていい

多くの編者は、雑誌という形態に憧れる以前に、どういう内容のものをつくりたいとかイメージを抱いていると思います。つまり、その読者がつくるコミュニティのビジョンが明快であるはず。また、どのみち雑誌は一人ではつくれないから、多くの書き手が必要です。優秀な書き手は、優秀な読者だったりします。そういう人たちをコミュニティの中から発掘し、時にはプロのライターとして育て、あるいは同人たちと持ちつ持たれつで、商売をしてきたのが雑誌ではないでしょうか。即ち、人間のライフスタイルの数だけ雑誌があって然るべきでしょう。

しかし、コストを鑑みると、成立しない規模の市場もあるわけです。成立すると踏んだから、紙媒体として創刊されたと言っていいかもしれません。その採算を合わせていくのは、企業の力であり、実はニッチになればなるほど、高給取りの社員が多い既存の大手出版社には扱えなくなるわけです。

市場規模の大小は、自社の社員を食べさせていくだけの利益を確保できるかどうかの判断に依るのであって、そのコミュニティが否定されたわけではありません。

その昔、コミュニティを求めた紙媒体はイベントを主催したり、協会や連盟と組んだり、それらを自らつくったり、店や見本市などに「場」を求めたかと思います。

しかし、多くの人たちが、リアルタイムかつ双方向に、ノード(点)とノード(点)で媒体を介さず情報をやり取りできる環境が享受される現在、すでにそのような「場」を用意することは特権的なことではなくなりました。

情熱があって、自由に使える電気とインターネットへの差し込み口が近くにあり、扱えるPCがあるのなら、誰でも成せることなのです。

情報のフローの鮮度が重要

あらゆるコンテンツは、ネットに遍在し、その探し方も「検索(search)」「発見(find)」「行動(action)」「共有(share)」へと変化しています。

書店で入手し、友人に電話をかけて、あるいは対面でその本の存在を教えるという時代からすれば、現在は紙媒体が媒介してユーザーが集う必要はありません。

むしろ、集う場所がネットであるなら、媒介者は、紙メディアという間接的なものより、さらに直接的な行動に遷移できるネット上にあるほうが理想的でしょう。

また、これからはトップダウン型のコンテンツばかりではなく、ボトムアップ型のコンテンツがユーザーとの間に長い関係性を築く時代でもあります。CGMが一過性のものではないことは、すでに老舗とも呼ぶべき掲示板やサービスがあることで理解できるかと思われます。つまり、パッケージとして完成されている必要はなく、常に生成される「情報のフロー」の鮮度とバリエーションが重要になってきます。前述した「生きた言葉」を発生させる装置は、実はかつて紙の雑誌が持っていた「場」としての力であり、そして、それはプロトコルが変わると同時に、ネットへと「場」を遷移させたのだとわたしは考えます。

Lecture 06
無人メディアの台頭と新しい編集の役割

「誰でもメディア」は、いわゆる「まとめサイト」のような編者が介在する人力系や、誰かがブログで書いた記事やニュースサイトの記事などを引っ張ってきて、それを自動収集し、表示するものを含みます。それらは、単純なテキストを人為的に貼り付けただけのリンク集からクローラーやサーチボットと呼ばれるソフトウェアが自動的に収集するものまで多岐にわたります。

ほかに、ブログなどで配信されるRSSデータや更新を知らせるPING【＊1】を集めてくるアグリゲーター【＊2】、また、はてブ（はてなブックマーク）【＊3】などを筆頭とするソーシャルブックマークなども含めていいでしょう。そこでは、共通の趣味をもつユーザー同士をつなぐ「同人的」なものから、特定領域よりももっと幅広い関心事を集めたものなど、テーマは多種多様です。

【＊1】**PING**
一般的なブログについて言えば、情報が更新されるとPINGという更新情報を含むデータがPINGサーバなどに発信される。それにより、人為を介さずにシステムが特定記事のみ収集するなど、さまざまな用途に使われることを前提として、このPINGだけを収集するPINGサーバが存在する。

【＊2】**アグリゲーター**
データを収集するプログラムや、サービスを指す。

【＊3】**はてなブックマーク**
はてなというブログサービス運営会社が提供する共有ブックマークサービス。ブックマークをネット上に登録し、それをほかの人たちと共有する、いわばソーシャルブックマークと呼称されるシステムやサービスのひとつ。

編集とは情報の「ハブ」づくりである

人力の場合、荻上チキ氏が運営する個人ブログ「トラカレ！」は、人文系のまとめサイトとして、月間15〜20万人以上が訪れているようです（今後、リニューアルするようです）。彼は、自身を「アルファ・ブロガー（影響力のあるブロガーという意）」ならぬ、「アルファ・ハブ」と呼んでいますが、まさに編集という行為は、情報のハブ（データの集約・中継装置）づくりです。このような情報収集という行為そのものが、雑誌的なのです。コードからなるプログラムが行うのか、人間が行うのかその優劣は判断つきかねますが、それぞれが得意なことを適切に行えばよろしいのではないでしょうか。

また、手前味噌かつ、繰り返しで申し訳ありませんが、人的な情報収集を行い、逐次情報をアップしているブログとして、「ギズモード・ジャパン」があります。本書で後述しますが、簡単に紹介すると、同ブログは立ち上げ後1年で月間５５０万ＰＶ（ページビュー：訪問者が表示させたページ数）を超え、2年目には月間１０００万ＰＶを数えます。同サイトは、ガジェット（ＰＣの周辺機器ほかの電子機器）に関するあらゆる情報を世界中から集めて、短い記事で更新され

トラカレ！
http://torakare.com/

ギズモード・ジャパン
http://www.gizmodo.jp/

ます。

なにか大きなイベントがあるときは、ブロガーたちが会場に行き、その場で記事をアップするため、日刊紙やウェブ上のニュースサイトよりも早い情報配信が可能です。これまでもＷｉｉやＰＳ３の発売初日の販売状況を徹夜で店頭に並んだライターがレポートしたり、米国アップル社による発表を現地のブロガーがレポート、それをほぼ同時に翻訳し、日本語で速報するなど、これまでのメディアの枠を超えたフットワークの軽さがユーザーの支持を得てきました。

米国の「ｄｉｇｇ（ディグ）」は、ユーザーがあらゆるニュース記事を投票するメタ・ニュースサイトです。ｄｉｇｇでは人々の関心事のランキングも、ひとつの情報として機能しています。

かつてなら紙の新聞紙が見出しやレイアウトによりニュースの重要度を示唆していたのですが、ここでは投票により、ユーザー自身が編者となってあらゆるニュースを横断的にチェックしていくわけです。

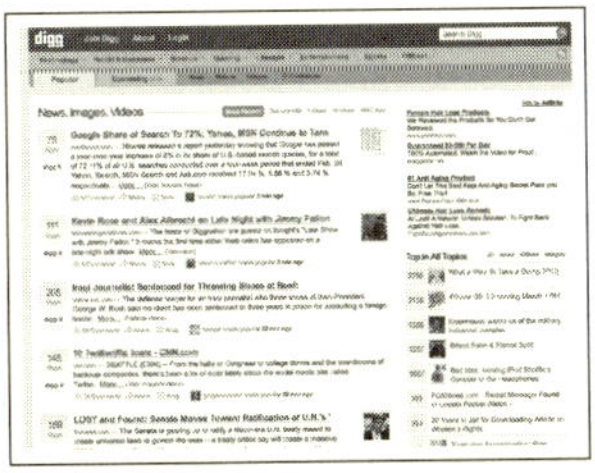

digg
http://digg.com/

消費者の力をアグリゲートする

このｄｉｇｇを日本に移植したとも言えるサービスが、「ニューシング」です。ｄｉｇｇもそうですが、インターネット上に籍を置くため、テクノロジー系やネット上の話題などが上位に来るなど、多少の偏りは否めないものの、読んでいる分には、「へえ、こんなニュースもあったのか」と驚かせてくれます。

完全に自動化されたニュースアグリゲーターのひとつが、米国の「Techmeme（テックミーム）」です。登場した時期から、わたしのお気に入りの情報源として活用させてもらっています。これはテクノロジーに関するニュースとそれについて話されているブログ記事を自動収集するアグリゲーターと呼ばれるものですが、記事収集先のブログの質が高く、当初、無人化メディアの未来を予見させてくれました。

わたしが注目している次代のメディア企業のひとつに、米国のRobot Co-op（ロボット・コープ）があります。同社は、多くの自動化されたウェブサービスを提供しています。多くの人は同社をメディア企業という括りではなく、ＩＴ企業として捉えているかと思いますが、このコラムをお読みの皆さんにはおわかりかと

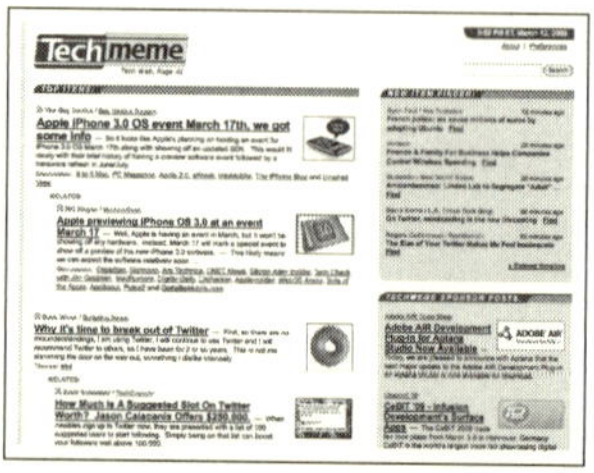

Techmeme
http://www.techmeme.com/

思いますが、同社は放送局や出版社のウェブサイトなんかよりも、十二分にメディア的なのです。

ロボット・コープ社は、たった数人規模の会社で、いくつかのサービスを運営しています。

たとえば、ブログが日本でも流行し始めたときには、すでに「オールコンシューミング（All consuming）」というサービスを開始。これはブロガーたちが読んだ本について書かれたエントリー（ブログの記事）をアグリゲートして表示するというシンプルなものでした。現在は、本だけではなく映画や、音楽、料理などジャンルも増え、同社の他サービスとも連携しています。

本の評判をアグリゲートすることで、どの本がもっともブログ上で話題になっているのかがわかり、その感想を読み、読みたいと思ったときにすぐにアマゾンにリンクされ購買できるというのが、このサイトのビジネスモデルです。

創業者のジョッシュ・ピーターセン氏（Josh Peterson）は、かつてアマゾンのディレクターを務め、アマゾンがもつ「コンシューマー（消費者）パワー」をもっと発展させてみようと考えたのかもしれません。

無人版誰でもメディアの急先鋒

ロボット・コープ社のサービスはどれも特徴的で、まるでひとつひとつが個性ある編集者によって世に送りだされた雑誌と似ています。

たとえば、「43 Places」。このサービスはまず、ユーザーが自分の行きたい世界各地の地名を挙げます。すでに訪れたことのある地域ならば、ユーザーはそこで撮影した写真をアップロードし、それをほかのユーザーと共有します。

たとえばトップページには、たくさんの都市名が書かれたタグの一覧（タグ・クラウド）が並んでいますが、ここで「Japan」を選んだとします。そして、そのなかには東京のほか、北海道から沖縄までさまざまな地域や特定の場所のタグが並びます。まず、「Tokyo」を選んだとします。

すると、「Tokyo」に包括される各地名や場所名が表示されるので、さらにそのなかから、「東京タワー」について選びます。すると、たくさんの人たちが東京タワーについての写真を投稿しているのがわかります。また、「すでに訪れた」と「行ってみたい」という人たちのグループが閲覧できます。

そこであなたは、東京タワーに行った人たちの感想文やトラブルの報告を読むことができます。あるいは、あなた自身も東京タワーについての写真や感想を投稿してもいいでしょう。そして、「これは」と思ったコメントを寄せているユーザーがほかに訪ねた場所を閲覧しても面白いかもしれません。そのユーザーが気に入ったのなら、そのユーザーを自分のお気に入りの人として登録することもできます。

世界中のどの地域にも、それぞれ多数の写真が公開され、地図とも連動しています。また、その場所でのイベントも情報として付加されており、それをユーザー自身のページに取り込むことも簡単です。

あるいは、ほかのユーザーにその土地についての質問をしてみるといいかもしれません。誰かが答えてくれて、なおかつ、質問や回答に対して、「声援」を送る、ということも可能です。つまり、同サービスにおけるあなたの発言は、誰かの役にたっているかどうか常に評価の対象となっています。

43 Places にはテーマ型SNSの趣きがありますが、同サービスは、まさに、皆でつくる究極の世界ガイド情報とも呼べるでしょう。

「43 People」は、自分がウォッチしている人物リスト。「ブラッド・ピットに会いたい！」というような特定の人物に対して興味をもつユーザー同士をつなげていきます。無論、有名人だけではなく、同社の他サービス（たとえば、前述の 43

Places など）でお気に入りの寄稿文を投稿してくれるユーザーがいたら、そのユーザーを自分のお気に入りの人に追加することができます。

これらのアイデアのひな形は、同社の「43 Things」で実現されているものの発展系です。43 Things は、自分がこれからやりたいこと（たとえば、「ダイエット」や「自動車免許の取得」とか）を挙げていき、同じ目標をもったユーザー同士がつながり、互いにエールを送り交わすこともできるサービスです。

43 Places は、10万人以上のユーザーを抱え、9万6000地域について言及しているようですが(2007年11月時点)、2006年5月、オライリー・ネットワークが行ったジョッシュ氏へのインタビューによれば、開始当初は5万人のユーザーと4000の地域しか参照されていなかったようです。シアトルの地元ベンチャー企業情報サイト「Seattle pi.com」によれば、2007年に43 Things は200万人の登録ユーザーを抱え、月間1200万PVを数え、「減量したい！」というユーザーだけで2万5000人を集めているそうです。【＊4】

43 People と 43 Places、43 Things のビジネスモデルは、アフィリエイトなどの広告収入に依るそうですが、まさに、少人数だからこそ成立する「無人版」の「誰でもメディア」であり、その急先鋒といえます。そんな同社では、「Should do

【＊4】記事参照
・http://www.oreillynet.com/pub/a/network/2006/05/26/where-podcast-josh-peterson.html
・http://blog.seattlepi.nwsource.com/venture/archives/120515.asp

This（これをやりなさい）」というサービスを2007年に立ち上げ、「アドバイスしあえるコミュニティ・エンジン」を企業向けにも月額35ドルでカスタマイズ可能にし、有料サービスとして提供を開始しました。たとえば、アップルで検索してみると、「アップルはiPhoneにカット&ペースト機能をつけなさい」「アップルは黒色のMacBook Proを発売しなさい」等といったアドバイスが書き込まれています。同サイトが存在感を増すにつれ、企業からすればマーケティング・リサーチの宝庫といえ、無視しがたいユーザーのインサイト（内的なニーズ）を探ることができるかもしれません。そして、それが同社の貴重な資産ともなりえる日は遠くないでしょう。

わたしがロボット・コープ社を評価するのは、同社が運営するメディアにはあたかも編者がいるかのように、サービスのテイストや個性がひとつの方向性に収斂し、さらに、それが無人化（プログラム）により実現されている点です。そして、多くの優れた他社サービスと連携し、まるで心が通っているかのように、UI（ユーザー・インターフェイス）、遷移の方法やマッシュアップ（他サービスのプログラム利用）が「気持ちよく」結合されている印象を受けるのです。

編集者に必須のスキルは不変

旧来の編集者が印刷所への入稿のための知識をもっているのと同様、新しい編集者はCSSやXML【*5】、またDB（データベース）のテーブル【*6】設計、あるいはUI（ユーザー・インターフェイス）におけるAJAX【*7】の導入や仕様についての知識を仕入れる必要が出てくるでしょう。もちろん、分業で行うこともあれば、エンジニア自らがディレクターやデザイナーを兼ねることもあるでしょう。そもそも、メディア構築とは、よろずや的であり、職能がクロスオーバーしています。なので、構築者自身がどのような職能者であれ、「編集」という概念をもち、使う側の心理や使い方などについて熟考することが大切です。

「誰でもメディア」時代では、これまでの企画立案という行為が仕様設計や要件定義と呼ばれるようになるでしょう。しかし、なによりも大切なことは、そのコミュニティの「温度」を感じ、感覚的に「刺さるコンテンツ」をセンスし、人の流れを理解することが肝要です。

そのためには、技術への理解とインターフェイス・デザインへのこだわりが必須になってきます。しかし、これは、旧来の編集者のスキル——コンテンツを編

【*5】CSSやXML
CSSはスタイルシートと呼ばれ、ウェブ上の文書をどうデザインするのか構造について記述した言語。XMLは、文書の意味と構造をシステム同士が理解できるようにした言語。

【*6】データベースのテーブル
情報の貯蔵庫であるデータベースは、テーブルと呼ばれる「表」をもっていて、そのテーブルがなければ情報を参照することもできない。

【*7】UIにおけるAJAX
UIとは、ここではあるネット上のサービスなどにおける操作性を指す。そして、AJAXはウェブブラウザ上で非同期通信を利用し、それによりユーザーがいちいち画面遷移せずとも、さまざまな操作を動的に実現するための技術全般。つまり、操作性を高めるためにAJAXを用いることは多々ある。AJAXを駆使した事例としてはグーグルマップが有名。

む以外の印刷技法やデザインへの理解——と同じものであり、そのあたりは不変でもあります。

そう、編集とはその対象と分かち合う相手への「愛」。そして、技術や見た目へのオタクなまでの情熱やこだわりを指すのかもしれません。そして、多くの出版社の間違いは、コンテンツだけを与えれば、ネット上でもメディアが成立すると思っていることです。紙の雑誌と同様、マーケティングとデザインが欠けたものが成立しないように、それは意味を成しません。しかし、もっと重要なことは、送り手が一度も雑誌を読んだことがないのに雑誌を編むということがあり得ぬように、ネットの使い手でない人間が送り手になることはあり得ないのです。

Lecture 07

既存メディアの進化を奪う

よく尋ねられる質問のなかに、「誰でもメディア」を立ち上げて、人気を集めるにはどうしたらいいのか、というものがありますが、それについて少しだけ言及しておきます。少しだけ、と書いたのは、きちんと書いたら、本一冊分になるので。

オンサイト（メディア活動の拠点となるサイト）以外にも、SEOやSEM【＊1】などのオフサイトにおける施策を含め、「誰でもメディア」は企業なら当然行うようなマーケティングが必須となります。しかし、それより以前に運営者がどんなに熱意を注いでも、多数の読者が読みたいとは思わないもの、あるいは巷にあふれているコンテンツを今さら編むことが得策なのかどうか……。

【＊1】SEO／SEM
SEOは検索エンジン最適化。つまり、検索エンジンの検索結果において表示されるときのランクを上位に上げるための施策。SEMは検索エンジンから自分のサイトへユーザーを誘導するためのマーケティング手法。一般的には検索エンジンの検索結果に対して広告を出稿する検索エンジン連動型広告における施策を指すことが多い。

「誰でもメディア」の競合は「誰でも」

考えてみたらわかりそうなことですが、なぜか「ブログで始めたら成功しますか?」など、目的よりも手法に関して寄せられる質問はとても多いのです。

すでに無数のブロガーが存在し、そのなかでも、アルファブロガーと呼ばれる有名ブロガーや、自分のブログから収益を得ている人が一部存在します。月間数百万アクセスをもち、特定の分野で権威となっている個人のブロガーのなかに、わたしが知っている人でブログやサイト収入が年収1000万~2000万円の人がいます。そのうちの1人は、ほかにも仕事をしていますが、違う1人はブログ運営だけで生計を立てています。

しかし、誰もがブログを運営すれば、その人たちと同じようになれるわけではありません。誰もが会社を興すことはできますが、すべての会社が成功して常に黒字というわけではないのと同様です。

「誰でもメディア」は、字義通り、誰でも立ち上げられます。ゆえに、「誰でもメディア」の競合は、誰でも、なのです。

インターネット・ユーザーのパイが広がらない限り、競争はかなり激しいものになると覚悟しておいたほうがいいでしょう。

これから、出版社などのメディア企業が抱える頭痛の種は、競合する相手が自分たちと似たような企業ではなく、1人か、もしくは数人くらいまでによってローコストで運営されるメディアとなることです。

高額の給与や家賃、諸経費という固定費縛りがある企業が、寝ずに頑張る個人と競り合うことは、大変なことです。前に記したとおり、ネットの水平線上で情報を発信するという行為は、そのほとんどがメディア組成ですので、プロだろうがアマチュアだろうが同じ土俵で競合しあうことは充分に想定されます。ゆえに、これからのメディア企業は、すでに保持する権益を活かせる寡占的な部分に選択と集中を行い、そうでない「誰でもメディア」を目指す人たちは、ゲリラ戦を仕掛けていくことになります。

グーグルのアドセンスを筆頭としたアフィリエイト型広告【＊2】のおかげで、「誰でも」小銭を稼ぐことができるようになってきました。しかし、残念なことに「誰でもメディア」時代の換金化手段は、さほどバラエティーに富んでいるわけではなく、新たなビジネスモデル構築を目指す必要が出てくるでしょう。

本書の冒頭に戻りますが、ネットの地平に表出すれば、もはやそれはメディア

【＊2】アフィリエイト型広告
アドセンスはグーグルが提供するアフィリエイト型広告。アフィリエイト広告とは成果報酬型の広告で、ユーザーが自分のブログやウェブサイトに埋め込み、それを閲覧に訪れたユーザーがクリックしたうえで、なにかモノを購入したりサービスに参加した場合、ユーザーに対して報酬が支払われる。

であり、そのメディアには個人だろうが法人だろうが、出版社だろうが八百屋さんだろうが、区別する意味がなくなります。換金化手段も、多種多様になるでしょう。

　競合者は同じような業態のメディア事業者に限られるわけではありません。ここがこの「誰でもメディア時代」の醍醐味であり、難しさでもあります。難しさというのは、メディアのデフレーション状態が続き、メディアを運営するということは、即「それで食える」ということに繋がらなくなってきたからです。

　それは、「趣味」や「嗜み」といった領域に近接することになります。もしかしたら、「読み・書き・ソロバン」のように、「読み・書き・出版（パブリッシング）」になるのかもしれません（この出版が紙のソレじゃないことは、もうご理解いただけていますよね?）。

　多くは、「日曜ブロガー」「パートタイム出版人（パブリッシャー）」として活動することでしょう。そして、しゃかりきになって稼がなくとも、本業を維持したまま、こちら（メディア活動）には余裕資金にて運営するという状態が一般化するかもしれません。

スクリーニング能力が編集力に

そんななか、「職業メディア人」、あるいは、「フルタイムパブリッシャー」は、ますます、アマチュアパブリッシャーと差別化をはかる努力が必要な時代になるでしょう。

これまでは、「出版社、ないしはその他メディア関連企業に入社した」がメディアにおける特権的な身分を保証したかもしれませんが、凡庸な企画しか出せず、文芸といえば村上春樹くらいしか読んでおらず、他言語に通じているわけでもなく、プロデュース能力やマーケティング能力に長けているわけでもない「高学歴な凡人」サラリーマンのつくるメディアよりも、業態こそ違え、社会経験豊富な専門家の送りだすメディアのほうが魅力的な時代です。

出版社に入社せずとも、特定分野に精通して、「編集」という観点をもちさえすれば（専門学校に行かずとも身に付く）その領域でメディアを立ち上げられるわけです。

逆説的にいえば、「儲けられるメディア」とそうでないメディアの差はかなり明瞭になってくるはずですし、玉石混交ゆえ、質の低いメディアも夥しい数に上ることでしょう。

今後は、これらをスクリーニングすることが、人力、つまり編者の力となるかもしれません。しかし、それをスクリーニングするべきメタ（上位的）な視座というものを担保するのは、まず資質ありき、そして、資質がないなら、ブランド力や、既存出版社なりのステータスとなりますが、ここもオールドメディア企業が惰眠を貪っている今こそノーブランドの才人が頭角を現すチャンスといえましょう。

冒頭にも述べたように、「誰でもメディア人」たちは、既存メディアが（その怠惰とテクノロジーへの愚鈍さと愛すべきレガシーへの殉教精神、および既存ビジネスに束縛されるがゆえ）果たせなかった進化を奪取する、という方向で（しばらくは）よろしいかと思います。

Lecture 08

名もなき個人がメディアの成功者になるには？（その1）――マジックミドルがカギを握る

ロングテールをメディア分布に見立てると

すでにご存知かと思われますが、一時期ウェブでさかんに喧伝されたロングテール・モデルを頭に思い浮かべてみてください。それは恐竜をイメージし、左に頭の部分が、そして右側に長いシッポが延々と続くグラフになります【＊1】。縦軸が商品の販売数量、横軸が商品名として説明されることが多いでしょう。

つまり、人気商品は左寄りに集約され、全体的にも少ない商品数にもかかわらず、圧倒的に売れまくっています。それが右に移るほどニッチ商品となるわけです。ただし、ネット上ではニッチ商品でも検索機能により需要と供給のマッチン

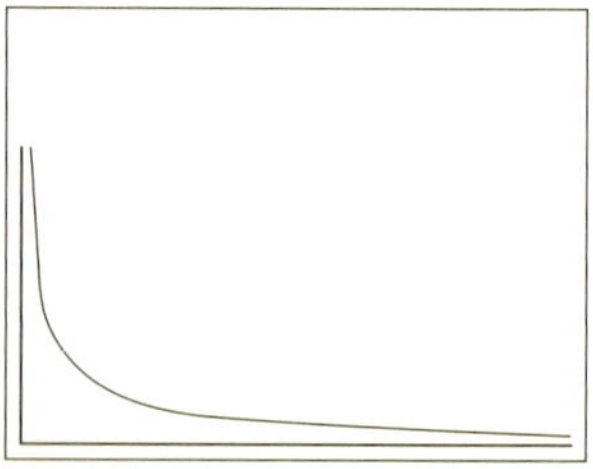

【＊1】ロングテール・モデル
Picture by Hay Kranen / PD
http://en.wikipedia.org/wiki/Image:Long_tail.svg

グが行いやすいため、ロングテールによるレバリッジ（てこの原理）が効いてきて、従来では見過ごされてきたニッチ商品の売れ行きの総和が左の上位人気商品に劣らず見込まれるというのが、このモデルです。

品揃えの豊富なアマゾン、決して有名ではない個人サイトへの出稿を膨大に行うグーグル、アフィリエイト広告を展開する企業群など、ロングテールで稼ぐというビジネスモデルは、インターネット人口の増えた21世紀以降のウェブ企業の特徴でもあります。

米国テクノラティ【＊2】の前CEO、ディビッド・シフリー氏（David Sifry）は、このロングテール・モデルをウェブ上のメディア群の分布に見立てました。

彼は、左にマスメディアが運営する有名メディアが集中し、右のロングテールが個人の日記などを含む無数のブログというように自身のブログで分類し、そのなかで、真ん中の胴体（トルソー）が膨らみ続けていて、それらのトラフィックやバックリンクが増えているという説明と共に、その部位を「マジックミドル（魔法の真ん中）」と呼んだのです。マグロでいえば、より背骨に近い中トロや大トロなど脂の乗った部位といったところでしょうか。

【＊2】米テクノラティ
ブログを対象した検索エンジンとして、2003年に誕生したアメリカのテクノラティは、現在、日本法人をもつ。

「誰でもメディア」の可能性は「トルソー」にこそある

メディアの送り手として見た場合、ロングテール・モデルのヘッド（グラフの左側）は寡占的なメディア企業によって占められています。そして、テール（右）には名も無い個人がずらりと続きます。ヘッドがほとんどのトラフィックを占めていますが、ここはごく一部のポータルサイトやニュースサイトなどで構成されているので、ウェブ総体の数からいえばごくわずかです。そのため、短い首（ショートヘッド）となるわけです。また、数多あるロングテールの人々が必ず利用するサービスを提供する「規模のビジネス」を行える大企業（アマゾン、グーグルなど）によってテールからの収益は占められています。そうなると、これが「ロングテール理論」の美しい誤解への反論でもあるのですが、実は資本力・ブランド名のない個人が出る幕は、「トルソー」にしかないと。もちろん、テールには個人が連なりますが、そこから収益を上げるのは前述した〝規模のビジネス〟が行える一部企業です。ショートヘッドは言うまでもありません。

前出のディビッド・シフリー氏は、「マジックミドル」は、影響力の高いブロガーやニッチな分野のブログの集合体だと説明します。さらに付け加えれば、同氏の定義では、マジックミドルには15万5000のブログが相当し(2006年時点)、それらは20以上1000以下の他のサイトから貼られたリンクをもつブログが相応するようです(sifry.comより)。

わたしが思うに「誰でもメディア」時代の以前より、世の中にはすでにブランドネームをもつショートヘッドとボトムエンドのロングテールがいたわけですが、ときどき、インディーズ、つまりロングテール以外のセミプロ級のアマチュア、もしくはフルタイムではない、パートタイムでコンテンツを編むなにかしらの専門家がショートヘッドの予備軍として表出し、いまではそれがインターネットという媒体により、全国区までとはいかなくとも、局所的に多大な影響力を及ぼすことに至ったと考えます。これは、検索エンジンなどにより、ユーザーのニーズと送り手のコンテンツがマッチングするようになったからです。

たとえば、実際にアマゾンでも販売されている『How I reversed my Hashimoto's Thyroiditis Hypothyroidism』(わたしはいかにしてわたしの患者である橋本さんの甲状腺炎症を逆行させたか)は、もともとセルフ出版といい、日本では個人出版と呼ばれる著者自らが資金を投じて書籍を刊行する出版形態を指すものですが、個人出版の範疇を超えて売れたようです。つまり、同書のような超ニッチなテーマの個人本が全国区で配本されても、TSUTAYAや文教堂でお客さんの目に留まることはないけれど、ネット上では類似の症例をなんとかしたいと願う医師や患者によって、そこそこの購読者数を集めることができます。

そのように、「誰でもメディア」の特徴は、単にアマチュア以上プロ未満のメディア人を掘り起こすばかりではなく、ニッチ分野のチャンピオンと、その情報がほしかった人たちを接合することで、これまで可視化されることがなかったけれど、確実に存在していた専門性の高い分野を扱うニッチメディアの市場と可能性をぐっと引き上げることになります。そして、これら専門性の高いメディアがトルソーという中核、つまりこれからのメディアにおけるボリュームゾーンを占める割合が高いのではないか、とわたしは予想しています。無論、ニッチ分野には学術書も商業誌も混在しているので、すべてがすべて儲かるとは言えませんが、商機があるにもかかわらず、いまだに書店とそこでの販売収入ばかりをアテにすることで、機を逸している〝死蔵資産〟を活用することで、トルソーに食い込めるのではないか、ということを問いたいのです。

モンスター・ブログ「BOING BOING」

1994年にわたしが創刊した雑誌「ワイアード」は米国の「WIRED」【＊3】の日本版でしたが、米編集部はサンフランシスコにありました。そこでハイテク機器やガジェットなどを扱ったセクション「FETISH」というコーナー【＊4】の担当編集者だったマーク・フラウンフェルド氏（Mark Frauenfelder）は、日本のポップ・カルチャーに理解があり、わたしもかねてより彼の人柄の良さやつくるもののセンスの良さに敬服していました。そんな彼はいつしか、全世界的に有名なブログ「BOING BOING」の運営者として知られるようになったのです。

フラウンフェルド氏は、もともとサンフランシスコ周辺のサブカルチャーを扱うインディーズ誌「bOINGbOING（ボインボイン）」（そう、綴り方が違うだけでブログと同名のものです）を発行していました。そして、「bOINGbOING」はブログ黎明期より、全米のユニークなブログやウェブサイトを紹介することで、かつてヤフー！がそうであったように、ウェブ・ディレクトリ（要は電話帳のような住所録）として、あるいはブログを取り上げるメタ（上位的）ブログとして、その地位を固めていきました。

【＊3】WIRED
インターネットが民間で活用され始めた1993年、アメリカで創刊され、一躍話題となった。もっとも初期にインターネットの可能性を政治、経済、エンターテインメントなど、各分野においてレポートした雑誌。筆者は1994年11月に日本版を立ち上げるが、その後のITバブルを目前にして1998年に発行会社解散のため休刊。米国版は1998年にコンデナスト社に売却され、現在も同社より刊行を続けている。ちなみに、よく誤解されるのだが、オンライン版の HotWired と紙の雑誌は発行企業が別。HotWired Japan は当時、NTT-X（現NTTレゾナント）が運営していた。本国の運営母体は売却を繰り返し転々としていたが、現在は紙媒体と同様、コンデナストが買収した。

現在、同サイトは全米でもトップテンに入るほどのトラフィックを稼ぐモンスター・ブログとして認知され、老舗メディア企業が運営するサイトが名を連ねるショートヘッドの一角にも食い込み、その名はブログ界のブランドネームにもなっています。

そんな「BOING BOING」は、「誰でもメディア」時代にふさわしい、個人の情熱と新テクノロジーへの偏愛やオタクなまでの知識欲求によるパブリッシング・パワーが見事に昇華した例といえます。この「BOING BOING」についてはさらに後述するとして、実はこの「BOING BOING」の登場を準備したものは、１９９５年に登場した「Suck.com（サック・コム）」ではなかったかと、わたしは推測しています。

ウェブメディアの先駆者「Suck.com」

あらゆるブログ的軽妙なノリのウェブマガジンは、「Suck.com」の築いたパターンのエピゴーネンであり、そのテイストも含め、ウェブ上で読者に支持されやす

【＊4】「FETISH」というコーナー
本書でも後述されるが、後に、「GIZMODO」というガジェットブログのメディアで知られるGAWKER MEDIA の Nick Denton 氏が、WIRED 誌の FETISH をヒントとし、その後、超人気ブログメディアの GIZMODO を立ち上げたことを、Nick 氏から直接筆者は聞いたことがある。そして、その GIZMODO 日本語版を筆者がまた立ち上げているという……。

BOING BOING
http://www.boingboing.net/

い知的かつ毒舌なウェブ・ライティングのスタイルを提示したのも同サイトでした。

そして、広告による収益を得て（当時はバナーではなく、リンクそのものが広告の代価でした）、毎日の記事更新、上質なイラストとウィットに富んだ記事、またブログ出版のようにコンテンツを書籍として出版、さらに事業自体も成功が見えてきたら即売却するという事例は、すでにSuck.comが提示したものでもありました。実際に、ブログのツール開発とホスティングで有名な米シックスアパートの創業者メナ・トロットも同サイトを「初めてのブログ」と見なしているという内容の発言をKeepgoing.orgの記事「Big Fish」のなかで述べています。

それまでのウェブは（今では信じられないかもしれませんが）、有名雑誌などに寄稿する多くの著名コラムニストからはまだ蔑まれる立場であり、優秀な送り手も少なかったため、逆にいえば実験の場として、何でも試してみたいというクリエーターたちが腕を振るうにはうってつけの場でもありました。

残念ながらSuck.comは２００１年に終了しました。一時は完全に消失し、ドメイン名もポルノサイトが所有していましたが、その後に復活。更新はされこそしませんが、いまもアクセスが可能なインターネットの歴史的記念碑として存在しています。

さて、「BOING BOING」に話を戻しましょう。

創始者の一人でもあるフラウンフェルド氏は、1988年に紙の「bOINGbOING」を創刊しました。これらはZineと呼称されるインディーズ雑誌のひとつでした。つまり、彼は根っからのメディア・ガイ（メディア野郎）なのです。興味深いことにマークは、紙のbOINGbOINGを刊行していた時代から次のようにメディアについて、ユーモラスな語り口調でzinebook.comというウェブサイトのインタビューに答えています。

「（Zineを続けるコツは）小さく続け、もっと楽しむことだよ。ニューススタンドで販売することはドラッグをやるようなもんだ（危険な意）。運送代は高いし、マージンは安いし、計算するのも嫌な仕事さ。それに流通業者はぼくたちに支払う前に潰れちまうことで有名だしさ。もし、君がそれをやるなら、君はほとんど有り金を失うよ。ああ、そうそう、音楽に関するZineに手を出さないほうがいいよ。もうすでに幾千ものZineがあるからさ」（zinebook.comでのインタビュー記事より）

フラウンフェルド氏と彼のパートナーが創始したbOINGbOINGは、1995年にウェブサイトとして開設され、2000年からブログになりました。そして、いまでは世界でもっとも成功した「誰でもメディア」になりました。しかし、彼はいきなり最初から成功したわけではありません。米WIREDのオフィスで働く彼とわたしが知り合ったのは1990年代半ばを過ぎた頃です。その頃には、まだブログはありませんでした。

フラウンフェルド氏はウェブ化したBOING BOINGの更新のために毎日数時間を割いているようです。初期の頃に比べてサイトの人気が上昇すると共に、通信コストも毎月1000ドルを超えるようになり、それを広告で補うようになったのが2004年頃からだとウェブサイトのインタビューに答えています(Interview : Boing Boing Founder Mark Frauenfelder/AppScout.com 2007 5/17)。

その後のBOING BOINGは、月間700万人以上のユニークユーザーが訪れるメガ・ブログとして成長します。では、そのほか多数の「誰でもメディア」との熾烈な闘いにどのように勝ち残ったのでしょうか。

Lecture 09

名もなき個人がメディアの成功者になるには？（その2）――人はコンセプトにお金を投じる

なぜ、BOING BOINGが多くのブログのなかから飛び抜けて成功したのでしょうか。その要因について、運営者であるフラウンフェルド氏のインタビューから、その答えを要約したうえで、わたしが補足を加えてみました。

プラットフォーム選択は最大の難関

（1）開始時期が早かったこと

同ブログは2000年からブログ化して現在も継続しています。ブログブームが米国でも２００２年頃からその兆しを見せ始めたことを考慮すると、かなりのアーリーアダプター【＊1】です。

ブログを駆使した情報発信の仕組みは、特にグーグルなどの検索エンジンがもつアルゴリズム【＊2】と相性が良かったこともあり、まったく無名のブログでも更新を続けているだけで、検索エンジンの上位を独占することができました。一時期、ブログによる検索エンジンのランキング上位独占は「グーグル虐待（アビューズ）」と呼ばれましたが、まさに開始時期によってアドバンテージをもつことができたわけです。

しかし、もうブログブームは過去の出来事です。ここからわたしたちは新たなヒントを得ることができないものでしょうか？

結論から言えば、常に遅くはありません。

これはわたしの持論ですが、新しいメディアは新しいパラダイム（ソフトやインフラのような技術革新とライフスタイルの変化）のなかで台頭してきます。成功するプラットフォームはライフスタイルの変換点と合致したり、ユーザーの潜在的欲望を適えるべく、ある時点から勢いを増しますが、技術者や企業からの押しつけのほうが、ユーザーのニーズより勝ってしまったものは、当然ながらすぐ

【＊1】アーリーアダプター
マーケティング用語として使われることが多い。新しい製品やサービスを誰よりも早く使用する早期適用者のこと。

【＊2】アルゴリズム
演算の算法手順。

に潰えます。

　基本的には、新しい技術を用いているだけで、優位に立つことが可能です。これは後出しジャンケンのようなものなので、常に新しい技術のほうが機能的には旧来のものより秀でている可能性が高いのですが、ハイプ（誇大宣伝）だけで、マジョリティを獲得できないまま終了するトレンドは確実に存在します。ただし、数年後にさらなる技術革新やリバイバルで敗者復活する場合もあり、見過ごされがちですが、長期的においては完全に無くなってしまうものというのは僅かだったりします。

　多くは時期尚早か、その重要性が伝わらないまま、商業的な成功をおさめる前に退場を余儀なくされるのです。その意味でメディアを乗せるプラットフォーム選択は、新しいメディア人にとって、最初で最大の難関となるのです。

　多くの人々は、自分がいま携わっているメディアこそ最高のものだと考えがちです。手塩にかけて育んできたコミュニティのユーザーたち、あるいは何年も費やし完成形を見いだしたデザインや使い勝手など、そのメディアにとっての財産なのですから当然のことです。しかし、新たなプラットフォームはそれを切り捨てるかのように迫ります。これは運営者にとっては堪え難く、ときに敵対的な態度を取らせたり、あるいは誤解をもたらしたまま、そのプラットフォームに乗り換えることを躊躇させてしまいます。

また、仮にスムーズに新しいプラットフォームに乗り換えられたとしても、その新しいメディアが求める文脈をいちはやく発見し、それにあわせたコンテンツを供給し、必要とあればユーザーの成長とともにスタイルも変えていくことがなければ、ユーザーの支持は得られません。

ある意味、新しいメディア人は、周囲からは軽薄と思われるほど腰が軽く、同時にそのメディアが普及すると信じて継続する粘り強さも持ち合わせるパラノイア的資質が必要なのかもしれません。

新しいメディアは、その前に敷衍していたメディア原理主義との闘いの歴史でもあるのです。インターネット、ＳＮＳ、ブログ……いまでは当然のように認知されていますが、その存在についてよく知る者が少数の頃には、存在について知識でしか知らない人々との間で論戦が勃発します。徹底的に否定されることも不思議ではありません。逆にいえば、ブレイクスルー（ある臨界点を突破する）アイデアは、その立ち上がり時期に「否定されてナンボ」なのかもしれませんね。わたしの経験上、「いいね、いいね！」といきなり賛同されるものは、むしろ、向こう十年くらいは当たらない確率のほうが高いでしょう。

新しい文法の発見こそメディアの醍醐味

さて、フラウンフェルド氏の成功要因について話を戻しましょう。彼が次に述べるのは以下です。

(2) 書き手のプロだったこと

フラウンフェルド氏はすでに、前述したように自らZineを興し、それ以外にもWIREDで編集者として働き、さらに、ネットやテクノロジーに詳しかったため、ニューヨークタイムズやMITテクノロジーなどメジャー媒体にも寄稿していました。

フラウンフェルド氏は「ナットグラフ(nut graph)」を使うことに長けていたとインタビューでは語っています。「ナットグラフ」というのは、記事や物語のなかで、もっとも重要なアイデアについて記述されたパラグラフです。最後まで読み進まずとも、冒頭のあとに潜ませることで、読者に対してその後の興味をかき立てます。同様に「惹句」などのコピーライティングも重要になるでしょう。わたしは「摑み」などと呼んでいて、分野の違う業界人は「アタック」などとも呼んでいます。ウェブメディアを始めたばかりの１９９０年代の後半に、雑誌以上にウェブにおけるこの「摑み」の重要さを思い知りました。最近では逆に摑みばかりで、中身スカスカな気がするサイトが増えてきたのも事実ですが。

文章構造なども「逆ピラミッド式」【＊３】にしたり、さまざまな工夫が必要ですが、検索エンジンに対する「最適化」やアグリゲーターのなかでタイトルを埋没させない技などと組み合わせ、方法論は運営者の数ほどあると言えるでしょう。なお、本稿は具体的に解説するマニュアル書を目指すわけではありませんので、ここではそういう細かいテクニックについての記述は割愛いたします。

さて、この（２）にわたしなりの解説を加えるとしたら、「誰でもメディア」をテキストで始める場合には、やはり文章がヘタでは話にはなりません。しかし、プロであることは重要なファクターではないとわたしは考えます。それは多くのプロが「誰でもメディア」時代に対応が遅れ、新しいフレームにおける新たな文法の発見に遅れを取った点にその証拠を見いだせるからです。

【＊３】**逆ピラミッド式**
結論から先に記述していく見せ方

たとえば、映像で始める場合なら、テキストよりも、もう少しだけスキルセットの枠が広がると思いますが、撮影に伴う高度な技術よりも、想定された尺のなかで、いかにメッセージをネット上の視聴者に飽きさせないで伝えていくのか、その企画はもちろんのこと、見せ方の演出と編集を含むプレゼンテーション能力への比重がかなり高くなると思われます。

プロであるということは、逆にいえば、過去の資産としてこれまで培ったスキルを持ち込んで闘うということです。そのため、新しい読者に対応が遅れてしまう場合があります。わたしは決してプロのスキルを軽視しているわけではありません。むしろ、その逆です。

ただし、新しいフレームは過去の職人を排除してしまうかのように振る舞う傾向があるのも事実なのです。決して、表現できることが高度になったわけではなく、もっと多くの人たちに利用されるべく発明されるものが多いため、そこから生まれる個々の表現そのものは、それまでのツールや経験を習得する時間を短縮し、技巧よりもアイデアそのものや表現力に重心が移り、専門的な知識をもつ人よりもそうでない人たちから、新たな表現者を生む可能性が芽生えることでしょう。

しかし、逆にいえば、だからこそ「誰でもメディア」なのです。

いま、プロでない人々がいつでもそれを使って、新しい文法を発見することができることこそ、「誰でもメディア」の醍醐味でもあります。もちろん、プロが発見しても良いわけです。より、高度な表現手法をもった人たちが新たなツールやプラットフォームをどのように使いこなすのか、それはもっともクリエイティブな見せ場でもあり、挑戦でもあります。

重要なことは、送り手がそのプラットフォームの一番のユーザーであることでしょう。頭で仕入れた知識だけで闘えるのは、もっとそのプラットフォームが電話機並みに普及してからのことかもしれません。なぜなら、誰でも電話機のマニュアルを読まずともそれを使えて、電話機ユーザーの電話をかけるときのパターンや電話における会話コンテンツ、彼らがなにを参考にして電話番号を検索するのかについて、理解が容易なのですから。そのときには、すでにあなたも自分が電話機ユーザーであることを意識すらしていないほどのヘビー・ユーザーでしょう。

新しいプラットフォームがつくるスフィア（生態圏）では、そこに棲む人たちの関心や行動パターンなどを、皮膚感覚で理解する必要があります。それが「その他大勢」よりも優位に立てる条件であり、ライティングや動画製作のプロであるか否かは二の次だとわたしは考えます。

プロであることが利点になるのか、弱点になるのかは、結局、そのメディアの送り手個々の資質や性格にかかわる問題であり、フラウンフェルド氏の場合には、開始した時期を鑑みると強力なプロの競合者がひしめく以前に、プロであることを最大の武器にできたということになるのかもしれません。

（3）パッケージング

フラウンフェルド氏は、多くのサイトは面白いものを発見し、それを引用するときに「これはすごい！」とその対象となるネタにリンクを貼るだけと述べています。しかし、BOING BOING のアプローチは、もし、同ブログをオフライン、つまり、印刷して読んだとしても、読者はそこに価値を見い出すことができると主張します。

これは、（2）で述べた「ナットグラフ」を含む「読ませるコンテンツ」の技術と関連しています。また、彼は BOING BOING の寄稿者が複数人いても、それぞれが違うスタイルをもっていて、そのすべてが混ざり、オーバーラップされているのが同ブログのテイストであり、それゆえ、読者を惹き付けられるのだと分析しています。

このあたりは、独自のスタイルをもつ雑誌にも似ています。雑誌のスタイルはフレームワークの強度がつくります。特定ライターの記事が読みたい、というニーズ以前に、その雑誌にはどういう記事が載っているか、というフレームワークが人々の関心を惹き付けます。また、その雑誌ならばこのようなデザインでなければならない、文章はこう書かれていなければならない、など、長期的において確立していくスタイルの源となる、いわば初期設計時における編者の哲学のようなものです。これが散漫なものより、フォーカスされていたほうが、多くの読者を早期から惹き付けることが可能になるでしょう。

BOING BOING は地球上のウェブサイトやブログから、人々のためになる情報を紹介するという、非常にシンプルかつ強力な編集方針に沿って運営されています。それは「A Directory of Wonderful things（驚くべきものたちの住所録）」というのが現在のショルダーコピーにもあるとおりです。

メディアがあなたを選ぶのだ

では、フラウンフェルド氏は、これからブログを始めたいと願う人々にどのようなアドバイスをしているのでしょうか。それは「誰でもメディア」のひとつの勝ちパターンに通底する考え方でもあるため、そのまま紹介しましょう。

「ブログをつくることでもっとも大切なことは、ほかの人じゃなくて、あなた自身がそれを読むことに興味があるのかだ。ギター弦の包装紙を収集している人たちがいて、すごくクールなビンテージがあるとする。もし、あなたがビンテージなギター弦の包み紙収集家ならば（そんなのが実際にあるかどうか知らないけれど）、あなたはそれらの美しい写真を掲載したブログを始めているだろうし、しばらくすれば、ほとんどのビンテージなギター弦包み紙収集家たちがあなたのブログを訪れるだろうね」

「誰でもメディア」時代には、誰でもメディアを運営することは簡単ではありますが、本当にメディアとしてのパワーを持ち得るかどうかは、また別の話です。あなたがメディア（器）を選ぶのではなくて、やがてメディア（器）があなたを選ぶのです。

いまだに人間がコンテンツを発信するとき、それがなんであれ、大事なことはひとつ。それが未来にもおいて普遍であるということは、有人・無人メディアを問いません。重要なことは意外に拍子抜けするくらいに当たり前のことだということを、他者の言葉を借りて後述したいと思います。逆に言えば、それが明確に描けていれば、あなたにツールを使いこなすための技量や知識がなくとも、もはやメディア構築に必要なことの半分以上は終わったようなものでしょう。だから、しつこく「なにをやったらいいの？」と人に聞くのはやめましょう。

以下の文章は、まだウェブがどの方向に進むのかわからず、可能性だけに満ちていて、コンテンツが儲けの種になると誰もいまのように確信できなかった頃、作家のジュシュア・クィットナー氏（Joshua Quittner）が当時26歳だったSuck.comの共同創設者にインタビューした秀逸な記事「Web Dream」からの一文です。ちょうど日本のＩＴバブル時のように、多くの起業家たちがウェブ上での一攫千金を夢見ていて、お金持ちになることがゴールという「ウェブ・ドリーム」を追いかける人々を横目で見ているジャーナリスト（物書き）たちの葛藤について触れた箇所です。

事業売却というアイデアは、ベンチャーキャピタリストたちがエグジット【＊4】を求めて性急に動き回る足音がこだまするウェブ空間を浸す。

ほら、ソフトウェア野郎たちが、そのウェブ・ドリームから荒稼ぎしたのを見てごらん。マーク・アンドリューセン【＊5】は彼のブラウザー・ドリームと共に。ヤフー！・チームは彼らの検索エンジン・ドリームと共に。そして、ジム・グレイック【＊6】と誰かさんは、「誰でも使えるパイプライン」ドリームと共に。

彼らはウォールストリートで金持ちになった。じゃあ、なぜ、ネット上でネットスケープやヤフー！やジムのつくったものを使う理由を与えた間抜け共——コンテンツ屋たち——は飢えたままでいいんだろうか？

そんなことはないよ。もちろんさ。

これって根本的なウェブ・ドリームの考え方さ：あなたたちには金持ちになるための商品なんて必要ないのさ。人々が金を払うのは……あなたたちのコンセプトなんだよ！

そして、Suck.com が市場に受け入れられるコンセプトを見つけたってことは明快さ。

【＊4】エグジット
投資家においては、企業の株式公開や売却など、自分たちの投資資金が増えて換金化されるゴールを指す。

【＊5】マーク・アンドリューセン
世界最初のウェブブラウザMosaicの開発者。その後、Netscapeを開発。

【＊6】ジェイムス・グレイグ
ニューヨーク初のインターネット・プロバイダー「PIPELINE」創設者。

（Web Dreams 1996 Wired Magazine Issue 4.11　傍点――筆者）

Lecture 10

メディアが変わり、情報の届け方も変わった

個の声を届かせることがカギ

わたしの知己であるブロガーや、わたしがプロデュースに携わった著名ブロガーのなかには、ブログの運営によって、アフィリエイトで小遣いを稼いだり、これまで訴求できなかったターゲットを獲得でき、本業が潤った人もいます。なかには、ブログでの連載が受けて一気にスターダムに駆け上がり、新しいファン層を開拓できた人もいました。そのような成功に至らないまでも、新しい交遊関係や商流を築けたという人は多いでしょう。

「ブログが人生を変えた」という話は、ブログ関連の書籍に任せて、ここではメディア・パブリッシング・ツールとしてのブログの可能性をメディアビジネスの運営者として考えてみます。

おそらく、メディアとしてのブログの使い方は大きく分けて3つです。

それは、「日刊あなた（ブログを書く、あなたのことです）」か、そうでないか、あるいはその両者を兼ね備えたハイブリッド・タイプです。また、企業などの法人は、大別すれば「日刊あなた法人版」という括りになるかと思われます。

米国のWOMMA（Word of Mouth Marketing Association）「全米口コミマーケティング協会」が定義する口コミ・マーケティングの手法のなかに、ブランド・ブログ・マーケティングと呼称される方法があります。これはブログを利用して、企業やその商品のブランドを向上させるというものです。

このブランド・ブログ・マーケティングは、実は「ブログで人生が変わった」と思う人たちの多くが無意識に行っていたりします。企業がそれを行った場合の成功事例として、マイクロソフトの広報ビデオ・ブログ「チャンネル9」が有名ですが、いずれも忍耐強く、オーディエンスとの対話を続け、また真摯にレスポンスすることで、ブロゴスフィア（ブログ圏）でのコミュニティを形成、そして長期にわたる信頼を醸成していくのが、ブランド・ブログ・マーケティングの真髄であり、その対極に「嘘くさい人工的な」ブログが存在します。

SMO（Social Media Optimization）――SNSなどのソーシャル・メディア

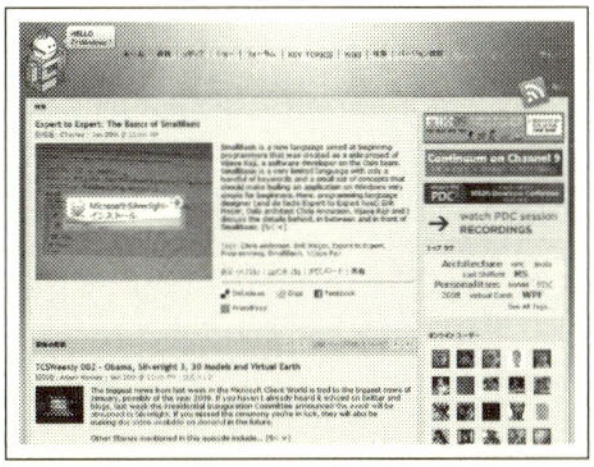

チャンネル9
http://channel9.msdn.com/

における情報の適正化――という言葉を生み出したロヒット・バーガバ（Rohit Bhargava）氏は、ブランド・ブログ・マーケティングのカギを握るのは、「Personal matters」（個人的なこと）であると主張しています。つまり、多くのブロガーにとっては、「何を今さら当然のことを語っているのだ？」と思えることですが、企業や既存メディアのプロがブログを利用する場合、この点は軽視されがちです。

この「個の声を届かせる」ということが、ブログやＳＮＳなどのメディア上では重要だということですね。

クリエイティブの原点は共感の創出

かつて、北米において、宣伝臭が漂う動画ビデオを、さも偶然に自分が発見したかのように、その動画へのリンクを貼った自称・個人ブログが、ブロガーたちから糾弾されたことがありました。投稿内容の真贋がブロゴスフィアで検証され、それが企業によるヤラセであることを突き止めようと、ブロガーたちが躍起になったのです。

このとき、伝説の広告マンであるスティーブ・ヘイデン氏は有名な言葉を発しました。

"If you fudge or lie on a blog, you are biting the karmic weenie."

意訳すると、「ブログでデタラメを言ったり、嘘をついたら、そいつはとんでもないヘマをしでかしている」という意味です。

かの自称・個人ブログはすぐに姿を消しました。「嘘くさい人工的な」ものは、短命なのです。

この「誰でもメディア」時代に、コケおどしや、「超豪華大作」というのは、第一義にコンテンツの設計思想に掲げるべきテーマではありません。わたしは「個の声」による「共感」が第一義にあると考えますが、実はクリエイティブの原点も、この共感の創出にあるのではないでしょうか。

前述の事件はすでに風化し、いまではブロゴスフィアでは当たり前の教訓ではありますが、この件から窺えるように、旧来メディア人はこの「個の声」を消すことを訓練されてきたわけです。しかし、「誰でもメディア」時代は、その逆をいき、共感を引き出すことがパワーをもちます。

それは必ずしも記名でブログを運営しろ、という単純な解を提起しているわけではありません。媒体としてのブランドを構築するにおいて重要なのは、個人名ではなく、個性ということです。

運営者の「熱さ」から共感が生まれる

これまでも、記憶に残る雑誌などは、一人のエディターシップの個性が貫徹されているケースが少なくありません。つまり、運営者は、かつて紙媒体の編集者がそうであったように、フレームを設計する「力」や個性を身につけていることが前提となるのです。

わたしはメディア戦略のコンサルテーションも行っているため、よく企業に呼ばれ、宣伝担当者から「このコンテンツは、有名な○○と××によるもので、Win-Winを狙っています【＊1】」と聞かされることが稀にありますが、そのようなコンテンツをネットで開陳すれば、即成功と考える人々を説得するのは骨が折れ

【＊1】Win-Win
一時期、外資企業やコンサルタント、金融マン、事業家たちが好んで使っていたフレーズ。「全員、儲かる」を表す表現だが、聞いたときの語感がよろしくないという人は少なくない（笑）。

ます。まして、そのような著名な著作権者が管理するコンテンツであればあるほど、「あれをやるな、これをやるな」という再クリエイティブに対する縛りが多いものです。

日本では初めての試みとなりますが、2003年に映画の制作日誌をブログ化した案件がありました。それは、有名なアニメ・クリエーター大友克洋氏の新作映画『スチームボーイ』の公開にあわせたものです。その頃、ブログ自体が一般的に認知されていないこともあったのですが、宣伝担当者は古くからのネットユーザーであり、ブログを利用したプロモーションに前向きであったため、わたしが説明した折、ぜひブログで宣伝活動を行おうという運びとなりました。

まず、宣伝担当者自身がネット上での振る舞いについて知見をもっていたことが奏功し、その担当者は極めて短期間のうちに、ブロガーへと変身を遂げました。彼は有名アニメ・クリエーターだけにフォーカスするのではなく、そのクリエーターを支える各専門職の人たちにも目配せをし、その活躍をポストプロダクションの経緯とともに書き連ね、時にはほかのスタッフと交代しながら、投稿を続けました。

これはファンにとってはたまらなかったはずです。

もちろん、ファンは有名クリエーター目当てだと思いますが、その人を支える裏方の情熱（当該宣伝担当者を含む）の「熱さ」を伝えようと奮迅したのです。これこそが、「個人の声」が重視されるブログ的な態度（アティチュード）であり、ユーザーたちに好感されるところと思います。残念ながら、映画自体は商業的に成功せず、作品自体も高い評価を得られませんでした。本ブログも全国規模で認知を獲得したとは言えないため、本件は失敗事例といえます。

しかし、このブログにより、企業が宣伝でどのようにネット上で振る舞うべきか、ひとつのひな形ができたのかもしれません。ブログパーツは当時まだありませんでしたが、アニメのキャラクターを使って描かれたテンプレートを用意し、映画との連動性を謳うなど、今日では当たり前のことがブログ・プロモーションとして開花した瞬間でした。

クロスメディア・キャンペーンの成功事例

もうひとつ、2007年にお手伝いした某音楽専門放送局の一大イベントについてお話ししましょう。このイベントは、一年に一回、その音楽専門放送局が国内外から大物アーティストたちを招き、賞を贈るというものです。賞はファンの投票により決まります。ファンたちはネット上から投票を行い、投票をした人たちも、その授賞式に招待されるというかなり大掛かりな規模の祭典です。前年には世界的な大スターが来日し、マスコミに大きく取り上げられましたが、その年は有名な海外アーティストの招聘はなく、ビッグネーム抜きで、クロスメディア展開を仕掛けることとなりました。

わたしたちは携帯、屋外広告、ウェブを連動したクロスメディア展開を提案、またその制作に協力させていただきました。口コミを発生させるための動画をYouTubeに投稿、そして、その動画をユーザーが携帯カメラで撮影し、それを主催者側の指定するサーバに送信すると、自動的に画像認識され、その場面毎に違ったバリエーションのデコメ【＊2】や着メロがユーザーにプレゼントされるというキャンペーンです。このキャンペーンはポスターやフライヤーなどからも参加できるように導線設計がされました。

また、キャンペーンではその動画の内容に連動した動画投稿を呼びかけたり、投票もユーザーの負荷を減らすよう、ＡＪＡＸという技術を利用し、画面遷移せ

【＊2】デコメ
デコメールのこと。ＮＴＴドコモのアニメや画像によりデコレーション可能な携帯メールサービスを指す。

ずに投票が行えるなどの施策を盛り込みました。無論、某音楽専門放送局のスタッフたちが、ネットの重要性をよく理解していて、わたしたちの提言にも耳を傾けてくれたことと、わたしたち以外に多くのエキスパートの参画と活躍があったため、このようなクロスメディア・プロモーションが実現しました。サイトへのトラフィックは前年より大幅増というものになり、心配されたビッグネームの不在を見事はねのける結果を収めました。

肝心なのはコンテンツの文脈を編むこと

コンテンツにお金をかけた・かけない、著名人が登場している・していないは、そのコンテンツがもつ性質の話であり、ひとつのUSP（特記すべき売り）ではありますが、ウェブ上でのメディア展開とは別の次元の話です。よって、新しいインフラや枠組みに、おなじみのコンテンツを引っ張りだしてきても、ユーザーに新しい体験を提供して共感を得られることにはならず、むしろ、旧い枠組みの上で設計されたものを、新しい技術を使って見せるがゆえに、陳腐なものになるリスクのほうが高いのです。

さらに付け加えると、多くは、コンテンツに対し、「加工はまかりならん、すべて著作権者(だいたいは管理会社)の厳密なチェックを受けよ」という「上から目線」のオファーになりがちです。それは「生きた」メディアであるウェブという胃袋に、冷たくコチコチに固まったパンを投げ与えるようなものです。

多くの人は、これまでのマスメディアと同じ延長で新しく勃興するメディアを捉えがちです。そのため、文脈を欠いたまま、コンテンツばかりに頼り過ぎる傾向があります。無論、ある種のコンテンツは人を動員する威力をもっていることは事実です。しかし、肝心なのは、そのコンテンツにあった「再クリエイティブ」にあると思われます。つまり、新しい価値を創出する場合、コンテンツよりも文脈を編むことのほうが重要であり、それはある意味、より創造的な方向を選択するということを意味します。なので、広告代理店やメディア企業はウェブでのプロモーションはテレビCMなどのオマケという認識ではなく、それこそがもっとも多元的に創造性を発揮せねばならない分野であるということを、もっと理解すべきでしょう。しかし、現実は「ようわからん。余ったカネでなんとかしてや」という人が少なくありません。

Lecture 11

個人ブログはメディアか?

「誰でもメディア」というのは、語義矛盾した言葉です。

それは、誰でもメディアを運営できる時代において、逆に、メディア運営の能力の差が際立つということを示唆します。つまり、単にウェブ上で情報を発信したからといっても、即、あなたのブログやSNSの日記や断片的なメモが商業メディアとして成立するわけではない、ということなのです。

「日刊あなた」を例にとってみましょう。ご存知のように巷には、「日刊あなた」が無数にあふれています。

「日刊あなた」成功の可否は、「あなた」個人がメディアとして他者に影響を与えて、価値を創発できるかどうかがカギを握ります。もし、あなたが知る人ぞ知るセレブレティ、もしくは特定分野において高名であったり、見識を備えた業界人、あるいは一芸に秀でていたり、誰にもないアイデアを温めていて、それを披露したくてウズウズしているのならば、自身を前面に押し出した「誰でもメディア」化が手っ取り早いといえましょう。しかし、その場合においても、あなたがもっとも得意な分野で勝負をかけることが最良の方法であることは間違いありません。

自分自身をメディア化する

つまり、ターゲットとなるオーディエンスが、ブログ運営者自身（そう、あなた）のこれまでのキャリアに連関しそうなステークホルダー（顧客、同僚、雇用者、従業員、取引先、業界人、株主、スポンサー、友人、親族など）であるわけですから、ゼロからオーディエンスを創出するよりも手間が省けます。

また、セレブレティであれば個人そのものを商品としたメディア化手法というのは、既存の商業メディアにも存在します。米国の女優でテレビ番組の司会などで有名な黒人女性オプラ・ウィンフリーは、出版社も所有し、「オプラ・マガジン」という雑誌も刊行しています。資産家として有名なドナルド・トランプも、「トランプ・マガジン」という季刊誌を刊行（制作と販売などは既存出版社に委託）、日本でも「全米のカリスマ主婦」と知られているマーサ・スチュワートは、「マーサ・スチュワート・リビング」という雑誌を刊行し、同名のテレビ番組をレギュラーにもっていました。

以上の人たちはもはや自身がメディア化しているため、そのパーソナリティの分身を切り売りしたほうが、ゼロからメディアを構築するよりも効率的なのです。日本では「ＥＸＩＬＥ」というアーティストがそれに近い複合型のメディア展開を行っています。

「著名人ブログ」という分野は、いまでは当たり前のように聞こえるかもしれませんが、ブログ黎明期においての、ブログに対する情報不足や説明するための語彙と認識の欠如、そしてＲＳＳフィード数がおよそ1万６０００ほど（２００３年6月・インフォバーン調べ）という状況を鑑みると、そのようなユーザー・パーセプション（ユーザーによる認知）のもとでブログをムーブメントとして認めさせるための一種の「考案」に近かったといえます。

日本で最初の有料ブログサービスとして２００３年12月に登場したニフティ株式会社のココログに「ココセレブ」という著名人ブログコーナーが存在しますが、ココセレブ以降、日本でのブログサービスでは定番コンテンツとなり、いまでは逆に「著名人ならブログ運営は、さも当然」という認識かと思われます。

しかし、そんな著名人ブログが登場する以前は、ブログはもっと草の根的なものであり、エスタブリッシュメントの活用はあまり顧みられていなかったというのが実際のところです。わたし自身も多くの芸能人や文化人のブログ活用をお手伝いしてきましたが、ウェブサイト上への第三者による書き込み内容が制御できないことや、自身の写真が流用されることを怖れて、多くの著名人たちは尻込みをしていたのが当時の現状です。

また、毎日更新、あるいは週に何度も更新しなくてはいけないというプレッシャーからか、代筆や口述による投稿を依頼する人もいました。が、結局は皆さん自身が投稿し、そしてユーザーからのフィードバックに驚き、当初予定していた投稿回数を上回る更新を自ら進んで行うようになりました。

現行の著名人ブログはまだ発展途上

昨今、芸能人がいち早く自身のブログ上でファンたちに活動を報告することが一般化したことを鑑みるに、これまで週刊誌やテレビ番組に一方的に報じられてきたことへのカウンター・メディアとして、ブログというツールが「誰でもメディア」のインフラとして標準になりつつあることは興味深く思います。

しかし、同時に自身をすべて受け入れてくれるファンだけに向けたパーソナルな会話の延長だったつもりが、公的なメディアとして多くの人々の耳目を集めることにもなるため、失言や不適切な表現、もしくは誤解を招く発言等に対するバッシングはこれからも頻発し続けることでしょう。

メディアとしてパワフルなツールを得ても、多数を対象とした情報の受発信やコミュニケーションについてのリテラシーやスキルが突如育つわけではないため、「誰でもメディア」時代は、多くの新米マスコミ人と同様、多数の運営者たちがOJT（オン・ザ・ジョブ・トレーニング）で切磋琢磨されていくのかもしれません。

しかし、そんな多くのセレブレティのブログ活用はあくまで日記としてのみで、それをメディアとして組成するという点に関しては自覚的ではありません。つまり、いまはブログを含むCMS【＊1】という名のポルシェで近所のコンビニに出かけているようなもので、本来、そのポルシェは必要なスキルと装備があればサーキットでかなりのパフォーマンスを発揮するにもかかわらず……。ブログでメディ

【＊1】CMS（コンテンツ・マネージメント・システム）
情報発信とその管理に必要なシステム。専門的知識がなくとも、扱いやすいシステムにより、メディア企業以外もメディアが簡単に組成できるようになった。ブログ・システムもその意味ではミニマルなCMSである。

ア・ビジネスを行うには、ビジネスモデルが不可欠であり、コンテンツだけ用意すれば「オシマイ」というほど甘いものではありません。

Lecture 12 ブログ時代の新しいメディア・ビジネス

セレブレティによる「誰でもメディア」は、実は出版（パブリッシング）における コンテンツの流動化をも意味します。特定企業によって、まだ書かれぬ著作から関連するコンテンツの権利まで契約書によって囲われることなく、著者自身（コンテンツ・ホルダー）が自主独立し（この場合には情報インフラ的な意味で）、その商機を流動化させることが可能になるでしょう。

もしかしたら著者がフリー・エージェント制をとり、毎回作品の出版化権を出版社に入札させたり（そういう著名人も実際にいました）、あるいは強力な交渉力と莫大なトラフィックや物理的な本の販売力を誇る特定のポータルサイトが、エージェント業務も同時に行うという「新しい出版社」創出に繋がる萌芽もあるかと予測されます。

多くの既存出版社はCGMやアグリゲーターよりも、紙のルック&フィールをそのまま模倣したフォーマットに執心する傾向がありますが、「出版」をもっと広義に解釈したとき、商機は増大するかと思われます。

粗雑品のカゴのなかに掘り出し物が

ベストセラー『ウェブ進化論』の著者・梅田望夫さん風にいえば「あちら（＝ネットの話）」の話として、ウェブやブログ・メディアを捉えるのではなく、既存出版社は「あちら」が地続きで「こちらの話」（＝紙の本を出版する）でもあるという点に気づくべきなのですが、最初の頃にはどうも「こちら」側のメディア陣営はその接合に無頓着でした。そんななか、スターツ出版は、携帯小説家を多く有する「魔法のｉらんど」と提携し、それらを書籍として出版することで、その領域を接合したバリュー・チェーン（価値連鎖）の構築を遂げたように見えます。

わたしがブログ出版を敢行する以前に（ちなみにニフティ株式会社のココログというブログ・サービスでブログを運営するフローラン・ダバディ氏の本が日本初の商業的ブログ本でした）、「ブログはタダで読めるから、本にしても読まれない」

「質が低くて、使えない」と紙の編集者や社員（！）から批判されましたが、どの分野にも「粗雑品」や「バーゲンセール」のカゴのなかに、実はヒントというか、掘り出し物が隠されています。

実はブログ本の前に、わたしが個人的にやりたかったことは、「これは良い！」という各種専門的な記事を書くブロガーのＲＳＳを取得し、それをアグリゲートした21世紀型の雑誌でした。毎日、いや、毎時更新かもしれないそれは、編集者がライターを育てて束ねる、というまさに紙の雑誌のウェブ展開です。

思うに、ブログは雑誌連載の代替として、メディア企業にとっての原材料、つまり、原稿の仕入れ先となります。仕入れと同時に、そこで著者の潜在的購買層を囲うことができるため、むしろ初版部数の読みを外さないためにも、ブログは単にコンテンツを仕入れるエンジンだけではなく、マーケティングツールとしても実践的なように見えます。

ブログポータルサイトは、いろいろなユーザーの集積ではありますが、それをブランディングしていくためには、やはりかき集めてきた記事のスクリーニング（選別）という機能（人的なものか、投票などによるＣＧＭ的なものかは措くとして）や、実際の見せ方やコンセプトにおける〝意図〟が重要になってきます。

米国の「ＦＯＸ」というＣＡＴＶ局が放送する超人気番組のひとつに「アメリカン・アイドル」があります。同番組は全米からアイドルを目指して集まった若者たちが、オーディションに次ぐオーディションを勝ち抜き、最後は視聴者からの投票で1位を決めるという内容のものです。ブログやＣＧＭインフラは「アメリカン・アイドル」のように、才能の仕入れとスクリーニングができ、さらにそんな過程からもユーザーを増やすことができるという、編集者にとっては理想的なメディアのプリプロダクション（製作準備）システムだと見立てられるわけです。

これらオーディションならぬ、作家の書き下ろし連載を掲載するウェブマガジンは、いまでこそ珍しくありませんが、商業出版社が運営する本格的なものとしては、本書の発行元でもあるバジリコ社が、２００２年1月10日にオープンした文芸ポータルサイト「バジリコ　バジリコ」がその端緒ではないでしょうか。

最高の原石を仕込むことこそ編集者の仕事

「バジリコ　バジリコ」では編集者が発掘したライターを集めて、記事を寄稿してもらい、市場の反応を窺いつつ、紙の本にするというフローを早くも取り入れていました。しかし、当時としては早すぎたのでしょう。その後、同サイトはポプラ社に連載されるコンテンツの出版化権と共に譲渡され、「ポプラビーチ」と名を変えて進化を果たしました。現在、本家のバジリコでは「だいたい月刊　バジリコバジリコ」と名を変えたものが運営されています。

また、出版事業以外では、コロムビアミュージックエンタテインメント（CME）が運営する「音レボ」というサイトがあります。こちらは新人アーティストが自分の作品をアップし、それをユーザーが審査するというものです。新人はその勝ち抜きに残った場合、アマゾンでのCD販売やCMEからのデビューが用意されています。インディーズからは、「ONPOO」という音楽をテーマにしたSNSが気炎を吐いています。かつて、全米最大を誇ったSNS「マイスペース」もアーティストたちを囲うことで、そのユーザー数を増やしました。

「粗雑品」だから最低だと同定する前に、最高の原石を仕込むことこそ、編集者の仕事だと思いますし、「最低」なものが集まらないよう、どういったエコシステム【＊1】を構築するのかが腕のふるいどころではないでしょうか。フォーマットの設計は可変かと思います。アイデアがないようでしたら、ウィキペディアのよう

【＊1】エコシステム
業界の収益構造などを指す。ここでは、後にも継続できる構造を指す。もともとは「生態系」のこと。

に読者からも添削や校閲、意見出しをお願いしたほうが良いかもしれません。

本書のはじめのほうに、これからは企業の出版社飛ばしが始まるであろう、という話をしました（1章参照）。

同様に著名人ブログをもう一歩押し進めたとき、それは単に著名人のプロモーション活動の一環以上の効力を発揮し、著名人らは既得権益者が敷設したインフラや流通チャンネルとは別に、新たな販路を備えることができるかもしれません。たとえば、広告収入やオンデマンド印刷による書籍、オリジナル・グッズの直売などを受け持つサービス・プロバイダの登場が待たれます。

たとえば、キーコーヒー株式会社ではベストセラー作家を集めた「書茶」というウェブサービスを展開しています。これはキーコーヒー社製品の販促ですが、見方を変えれば、作家の連載に広告を取るという新しいビジネスモデルではないでしょうか。実際にこの「書茶」の連載小説は書籍化され、『あなたに、大切な香りの記憶はありますか？』（文藝春秋）として販売されました。今後はネット上の作家の連載化権を売るといったコンテンツ資産の流動化がビジネスモデルとして生み出される予感がします。

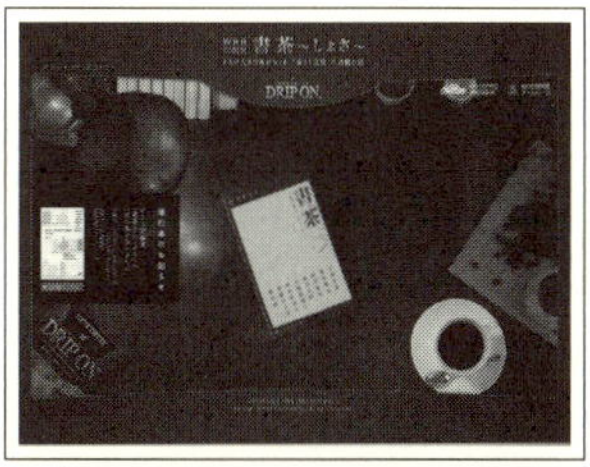

書茶
http://www.keycoffee.co.jp/dripon/

オンデマンド出版にもブレイクスルーの可能性が

これまでは週刊誌や文芸誌が原稿料を支払い、作家の活動を支えてきましたが、ウェブがここまで普及すれば、前述のような違うビジネルモデルもありえます。しかし、はたしてそのような考え方を許容できる編集者やプロデューサーが出版業界にいるかどうかは不明です。

これからはメディアのクロスオーバーに伴い、各企業の垣根を超えた越境が重要になるでしょう。出版社側に立っていえば、すべてを一社で囲い込めたのは流通という既得権益のおかげでしたが、ネットでは無力です。

米国では、大手取次会社のイングラムが出資するオンデマンド出版のベンチャー企業、ライトニングソースが英米の出版社４３００社と契約し、１００万冊の本を一カ月に印刷しているそうです（同社ウェブサイトより）。

オンデマンド出版のコンテンツは、大学系出版社による学術書やニッチな分野の専門書が多いのですが、日本でもオンブックというオンデマンド出版社があるように、今後、著名なブロガーが既存出版社を通さず、そのままコンテンツをオンデマンド出版社に預けて委託販売するなどの潜在的商機があります。まだ機運は盛り上がっていませんが、今後この分野にこそブレイクスルーが起きるかもしれません。

〝あなた〟がメディアとして、石ころ並の価値であっても、あなたがメディアを志向する未来の菊池寛（文藝春秋創業者）、佐藤義亮（新潮社創業者）、野間清治（講談社創業者）ならば、勝機はまだあるでしょう。前述したような「日刊あなた」のメディアインフラを整えて、才能のあるアマチュアを売り出すことは、菊池氏、佐藤氏、野間氏のような先人たちがやってきたことですし、先人たちの後裔が惰眠を貪っている領域でもあるわけです。

メディアのS字カーブを知れ！

サイバーエージェント社が運営する「アメーバブログ（アメブロ）」は、上流から下流までのコンテンツ囲い込みを意図してか、「日刊あなた」の著者ポータルおよびオーディション機能を備え、なおかつ出版社と協業して販路を確保したうえで、垂直統合を果たそうとしているように見えます。

同サイトは、現在、絶好調のようですが、しばらくの間、採算的には厳しい様相を呈していました。彼らは後発でもあり、先駆たちに対して違う戦略を取らなくてはなりません。そこで、徹底的に有名人を集めるという方針を打ち出してきました。有名人ブログの端緒を拓いたわたしたちにすれば、「なにを今さら」という感じですが、それを全面的に売りにしたことがアメブロの現在の好調につながったのかもしれません。つまり、業界的にトレンドではなくなった頃、レイトマジョリティー【＊2】へのビジネスが見込めるのかもしれませんね。

実は、長い目でみるとウェブ上でのビジネス・アイデアというものは、セカンドライフのような3DCGによるバーチャルコミュニティや、ご存知のSNSすら長い滑走期間を経て、先駆たちが討ち死にした屍の上、あるいは敷いたレールの上に結実しているのです。

わたしはこれをビジネス上の「S字カーブ」になぞらえ、「メディアのS字カーブ」と呼んでいます。

「S字カーブ」とは、ある市場が飽和状態を迎えて、それ以上の成長が鈍化したときに、違う技術や方法、もしくは時代の変化などによって、突如、新たな成長ステージに突入し進歩するというような意味があります。メディアの場合には、「セ

【＊2】レイトマジョリティー
後期多数採用者。つまり〝遅れてきた大衆〟。この層を取り込むと、あとは「ラガード」（採用遅延者）層しかいない。

カンドライフ」のようなバーチャル・コミュニティ、SNSなどがS字カーブ的に進化を継続してきました。

米国の未来学者・ポール・サッフォ氏は、米「CIOマガジン」が2006年にフェニックスで開催したカンファレンス内で「未来を見通す法則」というアイデアを挙げていますが、これはメディアビジネスにおいても有効なので、付記しておきます。

なお、この法則はわたし自身が聴講したわけではないことをお断りしておきます。聴講者によっては6つの法則、という人もいれば、7つという説もありますが、ここでは7つのバージョンを掲載しておきます。

「未来を見通す法則」
見通せないときがあることを知れ
突然の成功は、20年以上の失敗の上にある
未来を見通すには、その倍、過去を注視せよ
前兆を見逃すな
(見通すときは)中立であれ

物語れ、あるいは、図にするがよい

自分の間違いを立証せよ

http://www.mcgeesmusings.net/2005/12/22/paul-saffo-on-rules-for-forecasting/

http://harvardbusinessonline.hbsp.harvard.edu/hbsp/hbr/articles/article.jsp?ml_action=get-article&articleID=R0707K&ml_issueid=BR0707

http://blog.wired.com/sterling/2006/02/paul_saffos_for.html

本書でわたしが述べているように、「他人の進化を奪取する」ためには、「進化なき場所」かつ、「大資本が進出を躊躇する場所」が最適なのです。そのような領域は、まだまだ〝未開拓の地〟なのですから。

そして、もうひとつ。後発でも、徹底して先人の良い面だけを反復し、さらに改良して選択と集中を行うこと。それにより、逆転のチャンスも訪れるということです。

加えて言えば、技術のみではいかんともしがたいのが世の中です。インフラや人々の感情、ライフスタイル、新技術を取り巻く需要や供給具合など、さまざまな要素が絡み合って、あるサービスはブレイクスルーを果たすものですが、〝自分ならこうやれるのに〟と思える他人の失敗は、あなたの勝機かもしれません。かくいうわたしも、成功したプロジェクトもあれば、いくつかは後発のもっとより良いやり方を選択した人々のほうが、わたしよりも成果を上げただろうというプロジェクトをもちます。

信じていないことには始まらない!

自分自身がそれを信じていないことには、まずメディアは始まらないといっても過言ではありません。そして、いざ始めたら、何に縋《すが》ってでも継続させ、生き残ることです。ビジネス的にはすぐ撤退したほうが合理的なこともあるので、見極めこそ肝心ですが、メディアというものは育つまではとにかく手間と時間がかかるものです。合理的な論考も大切ですが、本書で紹介した「BOING BOING」や米「GIZMODO」のようなブログ・メディアも、その滑走時(冷遇期?)には、「メディアを創出したい」という〝怨念〟のような非合理さがドライブしてきたものと推察されます。損益？　赤字ならほかでバイトをして、それをやり続けるだけですよ。

Lecture 13
地域コンテンツというキラータイトル

個人主義を貫く「日刊あなた」は「メディア力＝その人のパーソナリティ」というビジネスモデルでもあり、比較的「誰でもメディア」になじみやすいものですが、そのコンセプトにおいて成功するのは至難の技といえます。

そこでは、多くの「日刊あなた」に埋没するため、あなたがセレブレティでもなく、一芸にも秀でていない限り、メディアビジネスという意味では永遠に日の目を見ない可能性のほうが高いのです。

断っておくと、わたしは別にそれが悪いとは思っていません。よく「ブログは素人のクソだらけ」という批判をプロの出版人から聞きますが、ブログの読者が4人でも、それはそれでいいと思います。4人にとっては重要なメディアなのかもしれません。それが「誰でもメディア」時代なのです。ただし、本書ではあくまでメディアビジネスという視点で捉えているので、ある規模のユーザー数は必要です。そこで、一歩自分自身が引いて、メディアを組成するというブログの活用法が注目されます。

これまでに紹介した「BOING BOING」や「GIZMODO」は、そんなブログをツールとして活用したメディアの筆頭ではありますが、日本ではブログというと、多くのニュース系、ウォッチ系、まとめ系ブログが存在するのにもかかわらず、旧来メディア側の（特にネット上の動向に不案内な人の）認識からすれば、個人の活動のログ（記録）としての、「日刊あなた」（日記、商売繁盛記、ユーザーやオーディエンスとしての感想文）だという見方が大勢を占めているのではないでしょうか。

グローバル＋ローカル＝「グローカル」

ブログは、そのブロガーのパーソナリティそのものが前面に表出するため、使われ方も「管理人のつぶやき」とか「ほにゃららができるまでのメイキング」といった事例が多いのですが、パブリッシング・ツールとしてその性能を旧来メディアと同様の目的（コミュニティ組成やナレッジ提供を換金化するビジネス）で使用した場合、多くの可能性を秘めています。それはコンテンツの収集から発行までの時差を詰め、また、世界に向けて同時配信が可能なため、日刊紙や地方紙をも超えた、リアルタイムなグローバルメディアに成り得るということです。

ブログをメディアとして見立てた場合、「日刊あなた」以外の活用法としては、エリア切り、ジャンル切り、行動属性切り、あるいはそれらを組み合せたハイブリッド版など、さまざまなコンセプトの立て方が考えられます。

エリア切りでも、配信は世界に向けて行われるので、グローバルなメディアとしての可能性を打ち出せるのが、そんなブログメディア、あるいはブログ的なCMSを駆使したメディアの特徴です。グローバルとローカルを組み合せた造語で、「グローカル」という言葉がありますが、「誰でもメディア」時代は、グローカルがひとつのデファクトスタンダード（標準仕様）であるといえます。

しかし、一概に現行メディアの価値が下がると考えるのは早計で、実はCGMと組み合せると、かなりの価値向上と収益増大につながると、わたしはかねてより主張し、二つの地方新聞社とそれらを束ねる通信社にSNSやCGMを駆使したサイト構築と運営の提案を2004年にしておりましたが、実現には至りませんでした。

実現に至らなかった理由はたくさんありますが、まだＳＮＳ自体一般的に認知されていませんでした。また、ＣＧＭのようにユーザーが投稿したりする、ということを多くのマスコミが嫌っているということ、そして広告について大手代理店との関係から、独自にウェブへ集稿するということに対してためらいを抱いているようでした。もちろん、ほかにもわたしのような中小企業の経営者にははかりしれぬような大組織ゆえの事由があるかと拝察されます。

分散型メディア・シンジケーション

ここではエリア切りで、ブログが備える特性をうまく活用しているわが国の事例として、「みんなの経済新聞ネットワーク（以下、みん経）」を挙げたいと思います。

「みん経」は、東京だけでも渋谷、秋葉原、六本木など49のローカルエリア別に「経済ニュース」を配信しています（２００９年1月現在）。日本全国では北海道から沖縄の離島まで、海外ではシンガポールとバンクーバーといったように、次々と

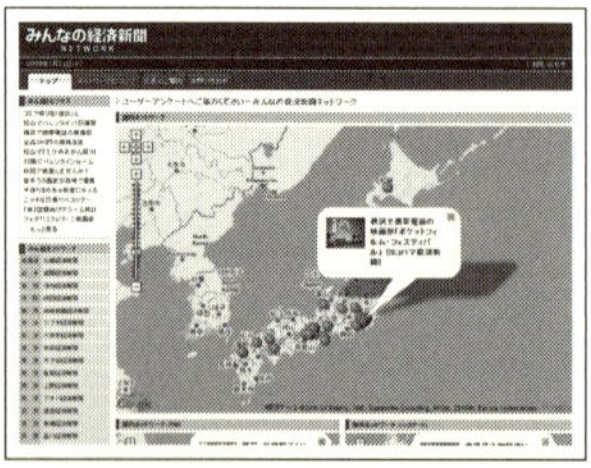

みんなの経済新聞ネットワーク
http://minkei.net/

そのエリアを増やしているのが特徴です。

この「みん経」の発端は、２０００年に開始されたウェブサイト「シブヤ経済新聞」が原点であり、いまも同サイトは国内外各地に広がるエリア密着型経済新聞のハブとなっています。

シブヤ経済新聞の編集長を務める西 樹氏に話を聞くと、その始まりについて「もともと『アクロス』（80年代に刊行されていた雑誌で、定点観測を売りにして渋谷の街角から当時の流行などを伝えていた）のように、渋谷という限られたエリアに特化した媒体を考えていたところ、たまたまJ-Wave（ＦＭラジオ）とのタイアップもあり運営がスタートした」とのことでした。

西氏は、「各新聞間に特に大きな決まり事があるわけではなく、最低限のトーン&マナーを設定しているくらい。あとはそれぞれが自主的に運用しています」と語り、「ゆるやかなネットワーク」という表現で「みんなの経済新聞」を表現します。ほとんどは、地元でなんらかのかたちでメディアに携わる企業が、シブヤ経済新聞や他エリアの経済新聞を見て、「自分たちにもやらせてほしい」とコンタクトを取ってきたのがきっかけで、現在のネットワークが広がっていったようです。

そんな「みん経」がユニークなのは、各エリアに営業をかける、というようなビジネスを展開しているわけではなく、西氏の言葉を借りれば、「居ても立ってもいられなくなった人たち」――つまり、「こんな情報を地元から発信したかった」と思う情熱的な人――によって、次第に構築されていったという点でしょうか。まさに、自律的な分散型メディア・シンジケーション（組織・連携化）と言えましょう。

当初、西氏は全国展開というプランをもっていなかったようですが、現在の「ヨコハマ経済新聞」で編集長を務める杉浦裕樹氏との出会いをきっかけにして、2004年以降、「シブヤ経済新聞」は渋谷以外の各地で産声を上げます。杉浦氏は当時を次のように述懐します。

「（各地域の経済新聞ネットワークの）〝グローバル化〟を当初から意図していたというよりも、他ブログで記事が引用されたり、トラックバックが貼られたり、RSSで記事が他サイトに掲載される状況になってきたことで、ニュースを書き続けて配信していくことで、大手メディアに依らない、情報の編集・発信が、僕たちの仲間のつながりでもできるかもしれないと考えていました」

地域から発信される情報が多くの人に引用／共有されていく過程において、ブログのもつ機能をＣＭＳに取り入れた「みんなの経済新聞ネットワーク」は、よりパワフルな「新聞」として、今後も脈々と各地域に関する歴史を、多くのユーザーと共に刻んでいくのではないでしょうか。

地域紙のビジネスモデルが奪取される

アメリカでは、そのように各エリア毎のＣＧＭをオーガナイズした、「Backfence（バックフェンス）」というエリアメディアがあります。メリーランド州とバージニア州のエリア情報を含んだ、この「Backfence」は、「みん経」と同じように特定エリアだけに関連するコンテンツがほぼ逐次に集積されています。

「Backfence」では、たとえば、事件が起きるとユーザーが概要を投稿し、事件の起きた場所が地図上に表示されたり、各種コミュニティの活動、イベント情報、スポーツやライブハウス情報など、多種多用な最新情報がユーザーの手で、あるいは自動的にアップデートされていきます。当然、そのエリアに関するニュースもアグリゲートされ、「売ります・買います」を含むクラシファイド（三行広告）

にも膨大な数の情報が集積していきます。

ジャーナリストのダン・ギルモア氏が２００５年に創設したサンフランシスコを中心としたローカル発の市民メディア「Bayosphere（ベイオスフィア）」も一時期は注目を集めましたが、現在では前述の「Backfence」によってわずか一年足らずの間に合併されることが発表されました。

エリア切りのブログメディア、ないしはブログ的機能を備えた有人・無人問わないアグリゲーターこそ、共同体におけるメディアの地勢図を塗り替えていく潜在的な力を秘めています。

また、特定地域こそ、そこに暮らす人々の関心事として注目を集めることが可能なテーマであり、あなたがセレブレティでなくとも発信可能なコンテンツになりえます。そうなると、シンジケーションという概念が重要になり、これをプログラムによって自動化するのか、「みん経」のように人と人とをつないでいくのか、いくつかのアプローチが考えられます。

いずれにせよ、エリア切りメディアの場合、その将来、「取材するから、広告を出してほしい」という地域紙の多くにみられるビジネスモデルに取って代わる可能性を秘めています。そして、特定利権によるしがらみやウェブへの無理解によって、既存メディアの進出が躊躇されている今こそ、「他人の進化を奪取」するにふさわしい領域ではないかと、個人的には考えています。

実はこの分野はウェブメディア先進国の米国のみならず、欧州や豪州でもホットな領域であり、米大手通信社AT&Tがその傘下に収めたYellowPages.com（イエローページス・コム）は、電話と組み合せたPay Per Call（PPC　ペイパー・コール）【＊1】を地域情報のディレクトリー・サービスと統合し、さらに動画ビデオを挿入するなど活発な動きを見せています。

日本でも、ヤフー！グルメやLivedoorグルメがこのPPC技術を使った「コール課金」サービスを開始するなど広がりを見せています。携帯などモバイルとの統合を鑑みて、今後ともこの分野については、新しいメディアの在り方が提起されるに違いありません。

【＊1】**Pay Per Call**
ウェブ上に表示された電話番号に電話をかける度に課金される、クリック型広告の電話版。電話番号はVoIP（音声をネット上で配信する技術）に紐づき、サーバによって呼び出し数などを管理。一般の電話回線に接続するため、ホームページをもたない商店や事業者もウェブ経由の宣伝が可能。ウェブに不案内な地方商店や個人事業主をウェブとつなぐには最適だろう。

Lecture 14

ネットでブランド・メディアを確立するには？

ＰＣが発明され、その後にアップル社のマッキントッシュ・シリーズに特化したソフトを開発していたAldus社（後に、Adobeに吸収された）が発明した概念であるＤＴＰの普及により「出版」が個人に近づいてきました。ウェブの出現後、個人のメディア空間は拡張し続けています。そこでは個々の思考や経験を反映しながら、言語、視覚情報、音響というあらゆるメディア形式を織り込んだかたちで、新たな「出版界」、もしくは「放送村」が形成されています。

それらの群像は、非線形（ノンリニア：紙のように「最初から読む」ことを強要しない）であり、かつ同時多発し、無数に存在します。これまでメディアという言葉を聞いて思い浮かべていたものとは、まったく違う概念をもつのが、この「誰でもメディア」時代のメディア像なのです。

そして、同時に「誰でもメディア」は常に誰もが組成できるため、情報のデフレ状態からスタートすることを余儀なくされることでしょう。よって、ビジネスとして軌道に乗せるまでが相当に難しいであろうことが予測されます。ただし、それについてはキー局の番組数、衛星放送やケーブルテレビのチャンネル数、雑誌の刊行点数などを鑑みても、マスメディアであろうが状況は似たり寄ったりだと言えますが。つまり、あらゆるメディアが人間の有限資産である「時間」というパイを奪いあっているわけですから、その上位リストに並ぶことが、まずは〝メディア力〟の証左ということになってきます。

ネットメディアは「忍耐と努力」の世界

「誰でもメディア」は出版業界のように、「営業がタコだから」とか「取次が書店に流してくれないから」などという言い訳が成立しづらいため、その成功は、真に自身の手によってもぎ取るべきものであり、〝ラクして、まぐれ当たり〟ということがあまり期待できない、〝忍耐と努力〟の世界でもあります。

成功したブログメディアのひとつ、米 GIZMODO 発行人、ニック・デントン氏

(Nick Denton)は、ブログメディアが注目され始めた頃、米HotWiredの取材に対し、「儲からないから、(この業態に)近寄らないほうがいい」という旨の発言をしていましたが、競合者の参入を防ぐための方便であるという第三者の妬みを差し引いたとしても、割と本音に近かったのではないでしょうか。

かつて、印刷機や映像機材など、情報発信に必要な設備投資とそれらを格納すべき土地は、個人の財力では賄いきれないものでした。現在も、それらを所有することはできませんが、それに近いものならワンルーム程度の空間において所有することが可能になりました。

PCや携帯電話、PDAの登場により、既得権を寡占できる人々や企業の周辺を、無数のナノ(極小)メディアが取り囲んでいます。テクノロジーが個々を目指して散らばったおかげで、形成されたメディア空間です。あとは、放送事業に必要な免許、出版のための取次制度、記者クラブなどといった垣根が取り除かれるか、もしくは形骸化して情報発信という枠組みと無関係なものになったとき、個人であれ、マスメディアのような大企業と「環境だけは」同等なものを手に入れることになるでしょう(というか、すでにネット空間はそういう場所ですが)。

メディアにおける実存主義

かつてのメディアがリアルな流通網や設備・人的資源に結びついたものであるとしたら、「誰でもメディア」は情報のフローこそがその総てであり、〝発信すること＝存在する〟ということになります。逆に、発信をやめた途端に、メディアとしての痕跡をデータ以外ほとんど残しません。所在地はドメインだけであり、物理的には、使用していたＰＣやサーバを残して、きれいに跡形もなく消えてしまうわけです。

すなわち「誰でもメディア」とは、メディアにおける実存主義なのです。かつては、名前だけで個をもたなかったメディアが、「わたし」を発見したのです。

それは、資本、デバイス、インフラ、商流等によって規定されるメディアのことではなく、己の実存を掲げて発信を行うメディアのことなのです。もしかしたら、「誰でもメディア」に「ｉｓｍ（主義）」があるとしたら、それは群れを離れ、個のみをもって情報発信し続ける新しい実存的メディアであるということかもしれませんね。

そんな「誰でもメディア」の時代においても、ブランドというものは残り、大きくわたしたちの心理に影響を及ぼすことでしょう。しかし、例えば飛行機のチケット予約をするために、あるサービスサイト上で出発日時や行き先の国別から乗るべき航空会社を選ぶとき、検索結果のリストに並んだ英国航空とバージン航空を、その社史やブランド力で選ぶよりも、料金やサービス、または事故の有無などのデータで決定するユーザーのほうが多数かと思われます。

同様に、検索エンジンやアグリゲーターが集積した情報のなかでは、発行ブランドの価値よりは、ニュースそのものの価値が優先されることもあるため、ブランド名がなくとも落胆することはありません。

ネットのクオリティメディア、成立の条件

ブランドネームは、内容の質を担保するということにはなりません。それは、心理的な担保にはなるでしょうが、「誰でもメディア」時代のコンテンツは、ポータルサイト等で無作為かつ更新順に並ぶことが多いため、装飾がきらびやか（扇情的な見出しなど）なものがアクセスを集め、内実の地盤沈下を引き起こしかね

【＊1】クローラー
ネット上を徘徊し、ウェブの文書を取り込んでくるプログラム。検索エンジンなどでは、このクローラーを走らせ、常に最新のデータ更新に関する情報を回収している。

ません。

ところが、長い目でみれば、そんな見出しだけがきらびやかで中身が空虚なコンテンツを排除したり、スキップすることもシステム設計上は可能です（検索結果としてスクリーニングはあってはならないことですが、ここでは主観的なディレクトリーサービス等を想定しています）。あるいはｄｉｇｇやニューシングのようにニュースそのものを投票することができるわけですから、そんな玉石混交のなかでも、玉石内ヒエラルキーが形成されるのは時間の問題でしょう。

もし、空虚なコンテンツばかりが選ばれるのであれば、それは民度の反映なので仕方ないことでしょう。しかし、そうだとすれば、カリスマ書店員のようなコンテンツ・ソムリエが人為的にコンテンツを紹介することが、クローラー【＊1】やＣＧＭ全盛時代には改めて高付加価値を与えるであろうことも予見されます。

よく年輩のメディア業界関係者と話をしていて、「ネットに、クオリティメディアはありえない。それはテレビや紙の仕事だ」という話を聞かされることがありますが、たぶん、ＣＧＭやクローラーが収集してきた「素の」コンテンツを羅列しているサイトの話やブログの日記（ブログ＝日記ではない）と混同しているのでしょう。たしかに、マスメディアは長年培ってきたノウハウ、ヒト、カネをコ

Slate
http://www.slate.com/

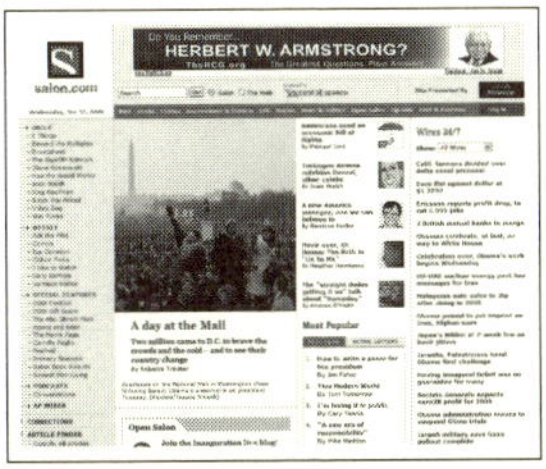

Salon.com
http://www.salon.com/

ンテンツ制作にかけられるぶん、大いなる成果を上げることは疑いようもありません。しかし、ネット上にクオリティメディアが育めないというのは大きな間違いです。

長い間マイクロソフトの庇護のもとで赤字を垂れ流していたウェブメディア「Slate（スレート）」は、ワシントンポストが買収し、最近になって黒字化したようです。それでも、ワシントンポストが「Slate」を欲しがったのは、昔からネット出自のクオリティメディアとして認知されていたから、自社が買収するにふさわしいと考えた部分もあるでしょう。

また、ウェブメディア黎明期の頃より先駆的な存在だった「Salon.com（サロン・コム）」も、試行錯誤を経てきましたが、すでに老舗としてのブランドを確立しました。日本語版も刊行されている仏の「ル・モンド・ディプロマティーク」は世界の主要言語に訳出され、それぞれの国に読者をもちます。そして、ネットが母体ではありませんが、イラク戦争など中東報道で世界的な注目を集めたアルジャジーラは、現在、世界主要都市に籍を置き、ネット上でも「アルジャジーラ・イングリッシュ」として英語でニュースをグローバルに配信し続け、西側諸国においてもニュースソースとして一定の地位を築きつつあると言ってもいいでしょう。

最近では、米ソニー・エリクソンの携帯端末にニュースを配信開始したようです。

「ネット脳死状態」の既存メディアに宝の山が

振り返ってみると、既得権をもつ既存メディアも、かつてネット上においては新米であり、ブランドネームの助けを借りようとも、その信頼や評価を初期段階から獲得していたわけではありません。「Slate」の例をみるように、ネット上ではワシントンポストよりも、「Slate」のほうが老舗であり、オーソリティなのです。よって、これから「誰でもメディア」を立ち上げようとしている人にとっての福音は、喧嘩の場所を変えることで、既存の老舗ブランドを出し抜き、先にブランドになってしまうといった可能性が存在するということです。

これも再三、述べていることですが、「誰でもメディア」の必勝法である「既存メディアが本来果たすべきであった進化を奪取せよ」の法則からすれば、将来におけるブランド化は、過去に既存メディアがそのブランドを確立してきた要因を分析し、それがまだネット上で行われていないのなら、明日からでも焼き直すだけでいいということなのです。しかも、老舗ブランドであればあるほど、保守主義に走り、適切な進化を果たしていない例が散見されます。

ただし、時間が十分にあるとは思いません。いまどき、ネットには猫も杓子も進出しているのですから。よって、進化を果たしても、勘違いしているところとか、うまくいっていないところを出し抜くのも手です。

たとえば、進化する際には、自社のコアコンピタンスがそのＤＮＡになるはずですが、「これが流行っていますから」という周囲の意見を鵜呑みにし、コアコンピタンスとはほど遠いことに巨額を費やすような「代理店や役員以下に任せっぱなし系」の企業が進化を奪取する先として挙げられるでしょう。そんな〝ネット脳死〟状態の既存メディアに〝宝の山〟は埋もれていたりします。

また、〝イイ線〟で進化を狙ったにもかかわらず、やり方がネット上のセオリーから外れていたり、古臭かったり、素人臭かったりするなど、発注先や提携する相手を間違えている場合です。有名企業は得てして有名企業と組みたがりますが、それがただの見栄からくる場合も少なくありません。有名企業だからといって、ネットに詳しい人間は社外のブレーンだったりします。このように進出してみたものの、ツボを外している状態の企業は〝ネット仮死〟状態であり、そのサイトのお客さんはそっくりいただけると考えていいでしょう。

メディア人は「万年素人」であるべき

もし、本気でそれらの企業が進化を果たす気であれば、稟議書など回すのに何日もかけたりせず、即決即断し、組織の在り方や従業員の心持ちから再構築しなければなりません。

ネット進出というテーマは、多くのマスメディアにとって、「新たにカネにもならない流通経路が増えたよ、やれやれ」ということではありません。「事業の継承および、イノベーション（革新）による価値と利益向上、もしくはコアビジネスの新たな展開」という直面すべき経営課題であり、「本質とは何か?」を問う難問なのです。

よって、経営のトップやそれに近い経営層が「進化」しないまま、表層的に「進出」しても、それは「退化」の一形態であると申し上げておきましょう。

わたしが「これはちがうな」と感じるのは（特に出版社に顕著なのですが）、雑誌が進化した「誰でもメディア」空間に乗り出すにあたり、雑誌の形状や読み進め方のメタファーといった、UI（ユーザー・インターフェイス）をこれまで通りに模倣することでしょうか。

本書で再三述べていますが、雑誌の本質は、〝形〟に非ず、というのがわたしの考えです。音楽であれば、そこは間違いようがないことなのですが（音楽の本質はアルバムにはなく、音楽そのものであり、それ以外は付属的な価値である）、雑誌がなにを提供してきたのか、ということをもう少し吟味する必要があるかもしれません。

無論、提供してきたことのひとつとして、その形状によるルック&フィールと読書体験というものは否定しませんが、それがすべての先に立つのかは、立ち止まって考えてみる必要があるでしょう。

新しいメディアは、「これまでとは違う体験」を通して、これまでに得ることのできた価値と同等か、それ以上の何かを提供することでキャズム【＊2】を超えてきました。実は、新しいメディアが台頭する際には、ユーザーのほうが先にその価値に気づき、ラディカルなまでに、その内実だけをもぎ取っていこうとしますが、作り手のほうは、目に見えている実体や形式、手法そのものに拘泥しがちな傾向

【＊2】キャズム
ひとつの事例や商品がブレイクする際に、超えなければならない溝。マーケティング的には、新技術等を導入するとき、アーリーアダプター（先進層）からアーリーマジョリティ（実務層）に遷移する間に、深い溝（キャズム）があるとされる。

があるとわたしは考えます。メディア体験のインプリンティング（刷り込み）は、受け手よりも作り手のほうが影響を受けやすいのかもしれませんね。

よって、ユーザー視点を獲得することで、プロが陥りがちな視野狭窄を乗り越える必要があり、そのためには、メディア人は「万年素人」であることが重要ではないでしょうか。もともと、メディアのように無形な情報を扱う仕事というものは、最初のイノセンス（「こんなメディアがあれば」「わたしはこれが見たい・知りたい」などの初期衝動）が拠り所になりますが、長年繰り返していると、与えられた枠組みが永遠にその状態を保った〝額縁〟であるかのごとく、そこを飾るコンテンツを違う角度から眺めようとはしなくなります。

Lecture 15

立ち上げたら稼げるという幻想は捨てなさい

ブログを始めとするウェブ上の情報発信は、他のメディアに比べて更新頻度こそ命であり、そこでは情報の「フロー（流動性・回転率）」が優先されます。それは、決して「鮮度」を意味するわけではなく、前回にも述べたように、ウェブ上では「発信し続けること＝存在すること」なので、フローは否が応でも高まっていく運命にあります。

しかし、一方でアーカイブ（貯蔵）されていく情報も、後において重要性を帯びてきます。それは検索エンジンによってその情報を欲する人々が時間軸を超えて存在するからです。これは情報の「ストック」となります。そして、ストックは、文脈を形成する情報として、時間経過とともに変質します。なかには、そうならないものもありますが、書籍のように独立した（スタンド・アローンな）外部メディアとして存在することができる情報がストックには含まれます。

技術革新がもたらす構造不況の可能性

「フローする」情報は、もともと紙メディアよりも電子メディアとの親和性が高く、情報の取得・加工、配信までの時差をどんどん短縮していきます。やがて、OOH(屋外広告)も電子化され、デジタルサイネージ【＊1】に切り替わることで、フローの高いメディアに生まれ変わるかもしれません。静的な看板よりも、電子的にコンテンツを入れ替えることで、時間帯を変えての表示が可能となり、高収益を見込めるからです。

ただし、電子コンテンツの難しい点は、フローが高まることで、価値の逓減も早くなるということです。これを、わたしは「電子メディアの収穫逓減」と呼んでいます。

フローが激化すると、総体的に価値のデフレーションに繋がりかねません。つまり、貴重だったものがどんどん巷にあふれ、その逆に人々はメディアリッチな体験者になっていきます。メディアリッチになる一方で、それらの価値は低くなるというパラドックスをはらんでいます。

それは制作側に対しての高コスト化を招きますが、残念ながら、相応の対価を

【＊1】デジタルサイネージ
広告の表示にディスプレイを用い、情報を配信したり、ユーザーに対して双方向のやり取りを想定した新たな屋外・店内型広告メディアの総称。

得ることは困難でしょう。フローが高いがゆえ、価値のデフレが起きているので、コンテンツ自体の価額はいまより上がらないでしょう。つまり、タダ同然で入手できるのにもかかわらず、それに対価を払おうとは思わない人は増える一方ですが、同時に、コンテンツへの期待値は高まるばかりなのです。

おそらく、今後は動画など工数の多いメディア形式がネットや携帯でも主流を占めるだろうと思われていますが、つくる側がロボットでもなく、YouTubeやニコニコ動画のようなＣＧＭでもない限り、制作するプロフェッショナルを潤さないというシナリオが考えられます。

技術革新はコストを下げますが、フローが高まるあまり、人間を駆逐するという側面を秘めています。大昔なら労働者が自分たちを失業に追い込む機械を破壊したところですが、現代のラッダイト（機械破壊主義者）は、破壊してもキリがないほど無数のＰＣに囲まれて暮らしているため、共生の妥協点を探ることが肝要です。

技術革新は、業界全体を構造不況に陥れかねません。これを乗り切るためには「身軽である」ということが、「誰でもメディア」時代の必須条件になります。「身軽」ということは、固定費、設備投資が少なく、人を多く抱えない、ということです。

ウェブメディアは誰も儲からない？

加えて、大企業の方には、もうひとつ悪いお知らせがあります。それは総体の収益が減少するのではないかということです。ウェブや携帯メディアは、紙媒体やテレビのように新規参入が困難な業界と違い、同一ジャンルにフローが高いメディアが続々と参入する可能性が高いため、総体的な利益が減少してしまう可能性が高いと思われます。

電子メディアは、情報以外に、メディアそのものの流動性（フロー）の高さが特徴として挙げられます。つまり、いつでも、どこでも、誰でも立ち上げられるがゆえです。それにより、あっという間に市場が飽和する可能性があります。「ゼロサム・ゲーム」【＊2】ならまだマシですが、新規参入者は広告費のダンピングや寝ないで働くという無茶をするので（笑）、場合によっては「マイナスサム・ゲーム」【＊3】のような事態が起こりうるかもしれません。

旧来メディアのように代理店がメディア企業と結託して、利益を守ろうという団結や意志が強固ではないため、メディアと代理店側がそれぞれ暴走をしかねず、業界全体を不況に陥れる可能性がついてまわるのです。

【＊2】**ゼロサム・ゲーム**
ゲームに参加している人の利益総和がゼロ。ゆえに誰かが勝利すると、必ず敗者がいる。

【＊3】**マイナスサム・ゲーム**
ゲームに参加している人の利益総和がマイナス。全員の利益が減少するため、全員が敗者になりえる。

加えて、日本のインターネットメディアの広告費の単価が米国に比べて安価なことを勘案すると、メディアが気軽に構築できる時代において、そのメディアが立脚するジャンルによっては、「誰も儲からない宣言」を発動しなくてはならない不安が常につきまといます。

現実問題として、ウェブメディアといっても、ビジネスモデルが多種多様のため、ひと括りにした業界というものが存在しません。もし、あるとすれば、「テーマ切り」のテーマそのものが帰属する業界になるでしょう。そのため、ページビュー数もさることながら、どれだけ忠誠心の高いユーザーを抱えているかという指標が必要です。従来からある指標値のほかに、今後はコンテンツの質とも連関する滞在時間なども重要なファクターになってくるでしょう。米国では同じテーマを扱うブログメディアを集めた広告販売シンジケーションが立ち上がっています。日本においても、今後ウェブメディアの発展とともに、メディアが主体となっての代理店や企業への働きかけも必要かもしれません。

ウェブメディアにおけるM&Aの有効性

さて、広告の話に逸れてしまいましたが、メディアそのもののフローが高いということがリスクになるという事例として、「ちょいワルおやじ雑誌症候群」についても触れておきます。

ご存知のように、中年の富裕層を狙った雑誌は「LEON」に始まり、その後、各種競合雑誌の出現を招きました。しかし、そもそも狭い市場のパイを奪い合った結果、多くの競合者が「LEON」を追い越せないという現実を鑑みるに、一度に存在できる総数が限られたジャンルでは、先駆者になるか、そうでなければ参入しないという判断が、特にウェブメディアにおいては必要といえます。

また、隆盛を誇っていたと思われる携帯向けのサービスやメディアが、あっという間に売り上げを落としたことを鑑みると、フローが高いメディアは、技術革新、トレンドの変化、外的要因（法規制や社会的な変化など）等により、ライフサイクルも短命に終わる可能性が高くなります。それはまるで、テナントがしょっちゅう変わる往来の一角のようでもあります。

たとえば、技術が誰にでもその門戸を広げるほど、フローは高まり、〝全員討ち死に〟という様相を呈してきます。もちろん、あらゆる分野において成功者は氷山の一角であり、その氷山の底辺には累々と屍《しかばね》が積まれていることでしょう。そして、その底辺の面積はますます増えていくばかりですが、それらをM＆Aしていくという考え方が、特定ジャンルにおいては有効であることにも触れておきます。

その意味で、第三のフローは、メディアのオーナーシップ、つまりキャピタルフローが高いということでもあります。旧来メディアの価値観とは真逆であり、それを逆手にとれば、広告収入で儲からなくても、ゼロから構築したメディアをインキュベーション（育成）して売却するということが、ひとつのエグジットになり得るということです。

フォロワーによるパクリ天国をまねく

ところで、メディアがすべて毎分更新となっても、受容する人間というハードウェアの限界は超えられないため、需要と供給といった面でもすでに、充分すぎるほどに過剰供給が続く状況が今です。インターネットが存在していない時代から、「情報化社会」と呼称され、「情報過多」とか「情報洪水」と言われていたのに！

さしずめ、最近は「情報地獄」といったところでしょうか。

以前に、日本ではじめての有料ブログＡＳＰの立ち上げに携わったとき、当該サービス用に企画されたアイデアのほとんどが、フォロワーにパクられたことを考えると、ウェブメディアはコピー文化でもあるので、先行者を引きずり落とすために、似たようなクローンがわんさか登場しかねません。出版人なら、さしずめ「それでもプロか！」と業界全体でパクリを蔑んでオシマイですが、ネット上には映画『スターシップ・トゥルーパーズ』【＊4】の虫みたいに、次から次へとコピーが出てくるので、その点でもマイナスサム・ゲームを誘発しかねません。

エロサイト、出会い系サイト、懸賞サイトなんかを見てください。1社が複数の似たブランドをスクラップ＆ビルドし続けるマイナスサム・ゲームに……。

【＊4】スターシップ・トゥルーパーズ
ロバート・Ａ・ハインラインの有名ＳＦ小説を映画化した1997年の作品。ある惑星に知能を有する虫がわんさか存在し、その虫と地球人類の闘争を描くカルト・ムービー。

Lecture 16

情報のリサイクルや整理整頓による新種メディア台頭

前章では、情報は大別すれば、「フロー」と「ストック」のいずれかだと述べました。しかし、現在は両者のいずれか、もしくはその中間に分類されるもので、これまでにはなかったタイプの情報が出現してきていることについて語ってみたいと思います。

わたしはそれを「エコー（こだま）」と呼んでいます。

エコーはコピーと換言してもいいかもしれません。それは、ある初出の情報を丸々コピーしたり、ソフト的に引っ張ってきて、それらを羅列するだけのものです。これまで考えられていたコンテンツ・ビジネスは、フローもストックも、オリジネートしなければ価値が生み出せないと考えられていました。しかし、エコーはカーボンコピーの寄木細工のようなものです。これまでエコーはノイズと同義でしたが、換金価値が生まれたのはウェブならではといえます。

「張り子のメディア」でも成立するビジネスモデル

エコーはフローとストックのいずれかに属しますが、フローが高いストックとして、その中間に位置することがあります。

アダルトサイトや射幸心を煽るネットワークビジネス系サイトは、エコーだけで構成されているものが少なくありません。また、SPAMの温床となるアフィリエイト目当ての情報サイトなども然り。他方、ブログに目を向けると、あちこちからコピペしてきた情報だけで構成されるものがありますが、それらもエコーとして数えられるでしょう。

無論、エコーにもクリエイティビティがないわけではありませんが、その多くは着眼点や、SEOに比重が偏り、肝心のコンテンツは空っぽというものが少なくありません。そのため、〝張り子のメディア〟という様相を呈することもあります。

ところが、このエコーですが、コンテンツ面で語るべき価値がなくとも、ある種のビジネスモデルを確立することになります。

たとえばアダルトサイトですが、他者のコンテンツを集積することだけで成立しているサイトは少なくありません。自分はコンテンツを何ひとつ用意しないのですが、集積したエコーでお客を引きつけ、そのページビュー数をアフィリエイトなどで換金化していくものが存在します。

また、そのような〝張り子のメディア〟は、ハウトゥー系や保険、ローンなどの金融商品・サービス比較系にも散見されます。

たとえば、それらは目新しいコンセプトが登場したときなどに有効です。新しい金融商品やビジネスモデルは、定着するまで誰もがそれに対して不案内なわけですから、必ず検索されます。そこで、早めにそれらしいタイトルのサイトを立ち上げておくと（「徹底比較！〇〇研究室」みたいな）、当該サービスを提供する企業よりも、上位、もしくはそれに準じるポジションを検索エンジンの検索結果で占めることも可能でしょう（相応のSEOスキル、もしくは有名検索エンジンによって高く認知されているサイトを保有していることが前提です）。そして、そのようなエコーが導線となって、正真正銘の当該サービス提供企業へのアフィリエイトで換金化をはかることが一般的です。

もちろん、きちんと運営者自身が概況を述べ、解説し、独自の視点で類似サービスを比較しているサイトも存在しますが、それら解説サイトにリンクを貼るだけのもの、また同じコンテンツ・ソースを見せ方だけ変えて、異名ブランドで立ち上げたエコーなども存在します。

奪取された進化をさらに奪取し返す

エコーのなかには、グレーゾーンのものから完全に違法なものも散見されます。最近、わたしが発見した違法なものは、引用の範疇を超えていました。世界中から地球環境に関する情報だけを集めたブログです。

それは、記事全文や写真を通信社・他サイトの記事からコピペして構築しているのですが、おそらく原典さえ明示しておけば、〝公正な引用（フェア・ユース）〟の範疇だと誤解しているのかもしれません。しかし、違法であるにもかかわらず、その手のサイトがほかにないため、一部の者には〝便利〟なニュースソースであると推測されます。

エコーの換金化手段は、たいがいアフィリエイトか広告、または本業（！）への誘導です。SEO系の企業が運営している場合もあります。エコー同士が相互リンクしあうことで、SEO効果を狙うこともできます。まともなコンテンツ制作者にとってみれば、これらエコー群は唾棄すべき〝張り子のメディア〟ですが、インターネットは「訪問されてナンボ」ですので、そのフットワークの軽さと着眼点、貪欲さについては、メディア事業家も見習う点が少なからずあるでしょう。ただし、中身まで張り子のままでは、中長期において価値を下落させ、損失のほうが大きいように思われます。

そこで、前に新興メディアは、旧来出版社の進化を奪うことが近道と書きましたが、逆に旧来出版社でこれからウェブ進出を目論んでいる人たちには朗報かもしれません。どんなに枠組みが優れていても、中身のないコンテンツであれば、所詮は付け焼き刃です。きちんと中身を充実させ、SEOしか取り柄がないサイトを駆逐しましょう。これは「進化を奪取」ではなく、IT企業の多くがもつ弱点――付け焼き刃なコンテンツしかつくれない――を突く方法です。しかし、これについては多くの既存出版社はノウハウがないため独自にはできないと推察されます。ただ、理論的には、「奪取された進化をさらに奪取する」という「逆襲」が可能であることを示唆しておきます。

話を戻しましょう。既存出版社がエコーを利用するにはどうしたらいいでしょうか。それは、過去ストックが豊富なコンテンツ・パブリッシャーなら、過去アーカイブのエコーを活用することが考えられます。盗用され、むざむざと商機を逸するくらいならば、著作者自身が堂々とオリジナルのカーボンコピーを行えばいいのです。

ただし、エコーは検索エンジンに強いということが、ビジネス上では「必勝条件」に掲げられます。そこでは、「情報設計=導線設計」でもあるわけで、競合が多いビッグトピックよりも、ニッチトピックを狙うことで、より利を得やすいでしょう。あるウェブ広告代理店は、エコー系メディアの反復性と頻出率に注目し、これらに企業の商品やサービスについて書かせることで、収入を得ています。エコーが数多く存在する場合、特定キーワードを書かせてリンクしてもらうことで検索エンジンに対しても有利な結果を引き出しやすいという点に着眼しているのが、エコーを利用したビジネスモデルです。

これは、アルファブロガーやそれに準じる影響力の高い「マジックミドル」（8

章参照）のブログ群に記事や広告を載せるのとは違います。それらは、インフルエンサー・マーケティング【＊1】であり、エコーを利用したものは、SEM（サーチエンジン・マーケティング）の変種であるといえるでしょう。

また、エコーは「リスティング」と組み合せると、かなり強力な集金装置となります。リスティングというのは、名詞を並べただけのものですが、電話帳を筆頭とする〝名簿ビジネス〟として、ウェブ上では「ディレクトリー・サービス」などと呼称されます。欧米ではこのリスティングでかなりの収益を生んでいるエコー系メディア企業が存在しています。

これはコンテンツではない？

たとえば、そのひとつに全世界で展開されるディレクトリー・サービスの「HotFrog（ホットフロッグ）」があります。現在、24カ国でローカライズされ、無人サイトとして莫大な収益を生んでいると聞き及んでいます。同サイトは、ジャンル別ビジネス電話帳ですが、その情報は、店や企業側が入力するようになって

【＊1】インフルエンサー・マーケティング
それぞれの分野において影響力のある個人に対して、商品やサービスを売り込んだり、発売前に使用してもらい口コミの発生を期待する手法。

HotFrog
http://www.hotfrog.jp/

います。つまり、ウィキペディアの電話帳版といったところでしょうか。

これは、もはやコンテンツではない！という声が出版業界から聞こえてきそうですが、集積したストック型情報として、エコーはお金をかけたウェブマガジンよりも、高い収益性を誇ることがあるという事実をここでは述べています。

米国のマーチェックス（Marchex）社は、１０００以上の都市の名前を冠したドメイン名を取得しています。たとえば、newyorkdoctors.com（ニューヨークの医者ドットコム）やatrantamanicures.com（アトランタのマニキュア屋ドットコム）など。加えて、郵便番号名でもドメインを取得し（つまり、全地域を網羅）、それぞれのウェブサイトには各地域別にリスティングされたコンテンツが並びます。地域検索のコングロマリットとして、〝専門性の高い電話帳〟ビジネスを広域展開しているというわけです。

これはウェブというインフラが生まれたから可能になった、新しいコンテンツ・ビジネスなのです。よって、ネットにおけるコンテンツ・ビジネスは、「なんでもあり」のフリースタイルであり、経営的には「ビジネスモデルを発明する」というくらいの態度で臨むべきでしょう。旧来出版社が期待する「広告」と「有料課金」は、ウェブでは最終解にはならないということですね。この点についてはまた後

Marchex
http://www.marchex.com/index.html

ほど触れたいと思います。

その情報がゴミかどうか判断するのは人間の主観ですが、主観なき世界では、プロが高踏的な視点でゴミと呼ぶ情報が、使い方次第では資源になります。これぞ、情報リサイクル。ただし、ここでいうゴミは、ある人にとって価値があるのにもかかわらず、陳列の方法や置いてある場所が適切でなかったりするだけで、価値の発見や付与を待つものであって、本当に無価値なゴミとはまた違うのですが……。

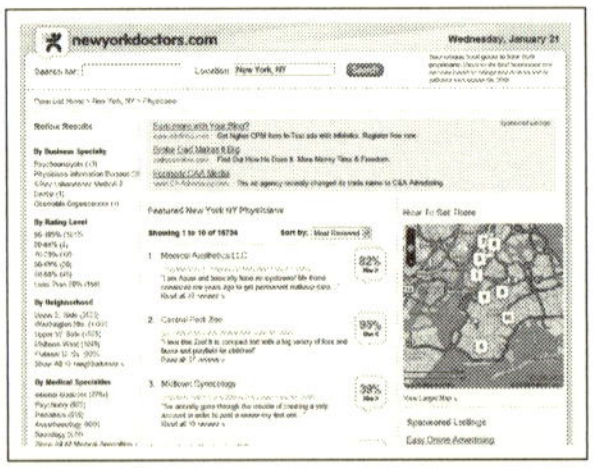

NewYorkDoctors.com
http://www.newyorkdoctors.com/

Lecture 17

ニッチメディアがプロフェッショナル出版の主流になる

これまで述べた情報の分類を旧来の紙メディアに喩えてみましょう。それは、デバイスや形態、流通手法によって定義されてきました。紙メディアの場合、新聞や雑誌が「フロー」であり、書籍が「ストック」です。そして、前回に述べた「エコー」はメディアとして存在感をもつまでには至っていませんでした。

現在、情報は紙であろうが、ウェブであろうが、フローとストックが混在しながら存在します。フローの高い順から並べれば、それはウェブであり、低位に紙が位置します。ストックはその逆となり、いずれにせよ、扱うコンテンツの特性にあわせて、メディアの棲み分けは変わっていくことと思いますが、中途半端なものから淘汰されていくことでしょう。

中途半端なものというのは、紙なみに更新頻度が低く、紙と同じ二次元的なウェブメディアであったり、紙なのに更新頻度の高さだけがその価値であるものです。前者はウェブとしてフローがなく、存在意義が思い浮かびません。後者は物理的な制約からフローの限界値が低いため、それよりも情報フローの高い電子メディアと競合します。

ただし、すべてのアーカイブがストックとして価値をもつわけではありません。経年変化により意味が出てくるものもあるでしょう。日記も、まとめて読み直すと、ストックとしての価値が多少なりともあるでしょう。

メディアビジネスの場合、長期において価値が下がらないコンテンツのアーカイブであれば、狙った作り込みがなくてもストックとして魅力的です。新製品情報よりも、専門性が高い用語などの解説記事はストックとしての価値が見込めることでしょう。その意味で、わたしは専門分野に特化した出版社や新聞社ほどブログやウェブメディアとの相性は良い、とかねてより主張してきました。

メディア設計は読者の行動属性にあわせて

さて、となると紙がやるべきことは、ウェブ、紙のアウトプット時差を利用し、また、人間が一度に情報を処理する能力のキャパシティにあわせて、情報をスクリーニングしてあげることと、手間がかかることや紙という資源を使うことを逆手にとり、稀少性を際立たせたつくりをもたせるなど、旧来のような〝情報コモデティ（日用品）〟から〝嗜好品〟への転換を果たすことが必要になってくるのではないでしょうか。

ただし、それも短期的な話であり、いずれeインク【＊1】などの技術を利用した紙の薄さほどの電子ペーパーが普及すれば、そのような電子デバイスのなかで、フローとストックのコンテンツが混在することになるでしょう（もちろん、エコーも）。そうなると、紙がやるべきことは、さらに絞られてくると思います。

電子ペーパーが紙に取って代わる時代では、デバイスがコンテンツをフロー、ストックと定義するのではなく、属性情報やファイル形式、そして人々の認知がコンテンツを区分することになるでしょう。各ディレクトリーサービス等では、取得したメタデータ（発行者が本ファイルに付与した定義付けの情報）の内容や

【＊1】eインク
もともとはマサチューセッツ工科大学の研究開発からスピンオフした会社で、ディスプレイ上のテキストを紙のうえの文字のように読みやすくし、低消費電力、携行性（＝極薄ディスプレイでの使用）を実現する技術を有す。いまでは電子書籍の表示方式としては多大なシェアを誇り、カラー化も果たした。今後は各電機メーカーが開発する紙のように薄いディスプレイが普及することで、同社の技術もさらに活用されるであろう。ちなみに、ソニーの有機ELディスプレイも紙を超えた電子ディスプレイとして期待される。

更新頻度、もしくは人為的な分類（限界があるので、ポータルサイトなどには向いていません）やブランドについての人々の認識が、情報をフローかストックなのか見分けることになると思います。もちろん、〝週刊なんとか〟〝日刊なんとか〟〝本（！）〟とかタイトルやタグ情報につけるのがてっとり早いでしょう。

これからは、電子媒体だからフローが高いというわけではなく、行動属性にあわせて、メディアはその情報特性も変えていくように推移していくのではないか、とわたしは考えています。

この場合の行動属性による差別化とは、たとえば、紙の新聞は通勤に携行し、カフェでコーヒーを飲みながら読んだりするものだから、そちらを〝ブラウジング〟させ、字数を少なくする。そして、オフィスや自宅でPCを起動したときには、〝じっくり〟とウェブページを読ませるという情報設計の「つくり分け」にあるでしょう（紙のコスト圧縮という側面ももちますが）。

今後は、行動属性別にメディア設計することで、コンテンツ・ホルダーやパブリッシャーは、ワンソース・マルチユースならぬ、ワンメディア・エニタイム・エニプレイスを目指すことでしょう。しかし、そう考えていくと、クロスメディアの未来は「複合型」よりも「テーマ切り」による、ワンテーマ・パブリッシャーのほうがビジネスモデル転換を果たしやすいかもしれません。
たとえば、ポルシェ専門誌のほうが、毎回違うブランドの車特集を行う雑誌よりも、ビジネス上の水平展開がしやすいのではないでしょうか。「テーマ切り」メディアはターゲッティング・メディアであるがゆえ、検索エンジン経由の顧客やコミュニティとの相性が良いのです。

ポルシェに関していえば、ウェブサイトから携帯上において商品情報やレビューはもちろん、ポルシェを扱うショップの検索機能、アフィリエイト、物販、カスタム情報、中古車情報、ユーザー同士の交流を促進するなど、水平展開が考えられます。それらを総括したとき、売り上げの規模は紙メディアのそれを凌ぐ可能性があります。そこに既存の紙媒体を加え、ブランディングや宣伝に使うという割り切りもあるでしょう。

しかし、もし取次制度に依拠することなく、ビジネスを展開するならば、実は全国のポルシェ・ディーラーやパーツ販売店、あるいはクルマ好きな富裕層が出入りしそうな場所などで、直販、あるいは無料で配付し、紙媒体を電子コンテンツへの導線とするなどの有効活用も視野に入ってくることでしょう。

テーマ・オリエンテッドなビジネス展開を

ドイツの高級車ディーラーでは、データベースに収録された顧客に、カスタムマガジン【＊2】という、一冊丸ごと特定ブランドのためだけにつくった豪華な雑誌を無料で送付します。米国で勃興したカスタム出版ですが、欧州ではこれにデータベースを連動させたかたちの、よりプッシュ型のメディアへと進化しているようです。カスタム出版の場合、顧客情報を管理しているのはカスタム雑誌の制作を発注した企業側ですが、もし、コミュニティを擁するウェブサイトの運営企業が顧客情報をもっていたらどうでしょうか。

米のメレデス・インタラクティブ社は、もともと紙の出版社でしたが、運営しているサイトは８００万人のユニークユーザーをもち、来訪者数は月刊1億ＰＶを数えるそうです。

同社では、「american baby magazine」という新生児を抱える母親のための情報誌を刊行していますが、そのウェブサイトである「AmericanBaby.com」というポータルサイトも運営し、独自コンテンツを配信しています。ほかにも、「successful farming」のような農場経営者向けの雑誌を刊行し、同時に「agriculture online」

【＊2】カスタム・マガジン
企業のブランドネームを使ったオリジナルの雑誌をつくり、それを書店や店舗などに流通させるまでを既存出版社が請け負うことが多い。また、顧客にDMとして送られるクレジットカード会社の会員誌や機内誌などもカスタム・マガジンに数えられる。米ではソニーやメルセデス・ベンツなどが大手出版社に依頼し、刊行していた。現在も、フォーシーズンホテルの「Four Seasons Magazine」など、多数のカスタム・マガジンとカスタム・マガジン専業の出版社が存在している。

という天候、農作物情報を載せたサイトなど、多様なライフスタイルの紙媒体に並行してポータルサイトを運営しています。

この企業は完全にセグメント化されたユーザーの顧客データを数千万件以上もっているため、ウェブへのバナー出稿費もヤフー！のようなポータルサイトへのそれよりも高額だと聞き及びます。もともとが水平展開に適したターゲッティング・ユーザー・オリエンテッドなコンテンツを編んできた同社なので、ウェブとの組み合わせでさらにそのバリュー・チェーンを強化したのではないでしょうか。

今後、同一企業が、フローとストック、そしてエコー（前回参照）を使い分けて異母兄弟のメディアを水平展開することで、ネットや紙を横断したクロスメディアのプチ・コングロマリットを形成するかもしれません。

たとえば、日本の株式会社ブランディング（旧名ゼイヴェル）は、F1、F2層【＊3】に向けて、携帯メディアは無論、「東京ガールズコレクション」というファッションショー（リアル・イベント）、そしてコマースを組み合せたユーザー・オリエンテッドな水平展開を行っているメディア企業と言えるでしょう。

もし、メディア企業がデジタル化によって、さらなる価値向上を果たしたいのならば、それは多様なビジネスモデルを駆使したものになることが予期されます。

AmericanBaby.com
http://www.americanbaby.com/

【＊3】F1、F2層
テレビの視聴率における視聴者の年齢層。Fは女性（Female）を、M（Male）なら男性を指す。F1は20〜34歳の女性。F2は35歳〜49歳。

既存メディアをそのままウェブに移植するのではなく、ウェブにしかできないことにその企業自身のコア・コンピタンスを溶け込ませたほうが近道なのですが、多くの日本の出版社は、前述したように、「ディストリビューション（流通）・オリエンテッド」であり、デジタル化については、ディストリビューション・チャンネルが増えた程度の認識であることが多々あります。本当は、「ユーザー・オリエンテッド」、もしくは「テーマ・オリエンテッド」による、ビジネスの水平展開について検討すべきではないでしょうか。

仁義なきメディア・ウォーズを勝ち抜くために

ただし、既得権益が強大であるほど、その従者はユーザーよりも社内や業界内を向いて仕事をしがちです。本来、ユーザーを向いて、ユーザーの変化を見逃さずに次々と対応策を打つべきですが、その舵取りは巨大企業ほど困難なことは明白です。

しかし、グーグルやアップルのような企業の成長要因はユーザーを向いて仕事をしていたがゆえ、その成功を手中に収めてきたのではないでしょうか。至極当たり前の話になりますが、ユーザーのインサイト（内在する関心事）を汲み取り、市場を創出することが肝心なのであり、もともと強いブランドをもつ企業のデジタル化というのは、商機の拡大にもつながるのです。

インターネット上では、情報が商材です。本書の冒頭にも書きましたが、ウェブの地平線では、皆の〝売り物〟は情報のみです。小売業もサービス産業も間接的には情報を経て他事業者との差別化をはかるため、好むと好まざるとにかかわらず、誰もがメディア、即ち、〝誰でもメディア〟になってしまうのです。

「誰でもメディア」時代では、仁義なきメディア・ウォーズをサバイバルするために、ビジネスモデルすら考案、もしくは再構築する必要があります。メディア企業の可能性は、「自らが編んだ情報を伝えたい」という編集者の欲求を満たすためのみに存在するのではなく、そこから先の「情報によって、つながった人たち」の欲求を満たすために、何をすべきかを考え、立体的にサービスを提供できるよう価値転換をはかるところにカギがあります。

出版事業者の方とお話しする機会が多いのですが、わたしがそのような話をすると、「それは、もはやメディア企業の役割を超えている」と言われることが多々あります。そうでしょうか。

メディアの定義については諸説ありますが、ここでは定義うんぬんではなく、メディアの役割が変容しつつあるということを述べています。かつて、印刷機が登場するまでは、人間が原本から複写（書き写し）し、印刷機が登場した後、活版印刷からオフセットへ、そしてDTP、ウェブへとメディアを組成する技術や環境は激変してきました。すなわち、メディア空間は拡張し続けているのです。ゆえに、かつてのメディアの役割がそのまま次代に持ち越されるというわけではないため、〝メディアの役割〟も多様化していくものと予想されます。

では、拡張された今後はどうなるのでしょうか？　わたしは「メディア体験のシンジケーション」だと考えます。ひとつのメディアから、リアルであれ、バーチャルであれ、特性の違うメディアを繋げ、しかし、どのメディアにおいてもユーザーがロイヤリティを感じるブランデッド・メディアを築くことが、次代のメディア・クリエイティビティではないかと思うわけです。

Lecture 18
ウェブメディアはターゲットキャストである

かつて、ブロードキャストという言葉に対して、「ナローキャスト」という言葉がありました。

ブロードバンド環境以前にネット上で提唱された言葉ですが、まだネットがニッチメディアだったため、字義通り〝狭い帯域〟かつ、ごく少数の人たちに向けたナローキャスティングだったのです。しかし、いまではナローキャストは違う意味をもち始めています。

電通のクリエイティブ局に在籍していた吉良俊彦氏は、雑誌を「情報に重点を置いたターゲットメディアである」と看破していますが、雑誌的なるものが進化した「誰でもメディア」は、ユーザーを引きつけるところからコンテンツ・デリバリーまでをも含めた配信手法そのものが「ターゲットキャスト」である、とわたしは考えています。

さしずめ、米の著名ブロガー、ジェフ・ジャービス氏言うところの「レーザービーム・ポイント・マーケティング」といったところでしょうか。つまり、針の穴ほど狭いターゲッティングが可能なのです。

加えて言えば、「ターゲットキャスト」には、ＬＰＯが必須でもあります。ＬＰＯとはランディングページ・オプティマイゼーションの意で、ＳＥＯと同様にネット上でユーザーからアクセスされるための重要な概念として用いられます。ランディングページとは、ユーザーが検索した語句やバナーなどを含むあらゆる導線から訪れて最初に着地するページのことです。

ブロードキャストとターゲットキャストの違い

ランディングページでは、ユーザーが求めている内容とコンテンツが乖離してはなりません。ユーザーのウォンツに対して、通販サイトなら物品の売買が成約するなど、なにかしらの結果を出すという意味で、成果（コンバージョン）を上げるための施策がＬＰＯです。これは、そのまま「ターゲットキャスト」に当てはまるセオリーだとわたしは考えています。

YouTubeなどをみると、必ずしもすべてのユーザーがテレビ視聴のように全員が同一のコンテンツを期待してアクセスしているわけではなく、映像もターゲット・キャスティングの時代に突入したと考えています。よく語られる「マスメディア対ウェブメディア」や「オールドメディア対電子メディア」という構図は、メディア設計の観点から換言すれば、「ブロードキャスト対ターゲットキャスト」ではないでしょうか（本当は対立しないんですがね）。

これはコンテンツ・プランニングからデリバリーまでを含めた設計思想の差異でもあります。ブロードキャストの場合、大きな喚起を促すなどして、認知（パーセプション）の変化をもたらす「投げ網大量漁業」といった感じですが、ターゲットキャストは、狙う獲物によって仕掛けや餌、釣り場が変わってくる「ピンポイント漁業」になります。

そのため、ターゲットキャストは、〝誰でも知っている〟といった認知度の高さを短期に獲得する手法としては適していません。しかし、特定の層に浸透させることで、インサイトを引き出し、それを拡大させることで、長期においてさまざまなユーザー層における認知の溝を埋める方向に作用するかもしれません。

それはどちらが偉い、という話ではなく、ゴールは何か？というビジネス初期段階における設定の違いであり、ブロードキャストに適したメディアの配信手法や、コンテンツを掲載するためのデバイスとメディアがある一方、そうでないものがあるということです。もちろん、資本力や既得権益を多く抱え込む大資本のほうがブロードキャストに適していると目されます。コンテンツを設計する観点から見た場合、多くのメガ・ポータルサイトに含有されるコンテンツのひとつずつはターゲッティングされたものですが、総体の設計思想はブロードキャストであり、地方新聞はエリアに依拠したターゲットキャストではないでしょうか。

紙の編集者が、そのままウェブメディアの編集者に適任ではない理由

「誰でもメディア」時代は、多くのアウトプットは、「発行」か「引用」、もしくはその両方、あるいは「エコー」といったコピーだけで構成されるものになるでしょう。これまでのメディアは、すべてが「発行」＝オリジネータ（初出記事の原著作者）

というような印象を与えてきましたが、ウェブ上では「発行」と同じかそれ以上として「引用」勢力が存在します。

「発行」「引用」といっても、それは、オリジネーターであるかないかを意味することではありません。

たとえば、引用者としてオリジン（原記事）を見つけること、またはオリジンを引用しながら、自らのオピニオンを加えてオリジネート（情報を創出）していくこともあります。

また、引用者は、ただ引用だけを行うのみならず、アグリゲート（集約）とスクリーニングを機械的、属人的問わずに行い、その手法を先鋭化させていくことで、価値をオリジネートしていく可能性が高いのです（エコーはそこだけが際立っていますが）。よって、多くのメディアはその両方の混成によりアウトプットしていくことでしょう。

実は、わたしを含む多くの編集者は、取材などを通じて得た情報をスクリーニングし、また見せ方を工夫して読者に提供するため、ある意味では引用のプロであるといえます。同様に、多くの人が一次情報の発行者としてオリジネーターになるよりも、引用により文脈を編んでいく確率のほうがはるかに高いと思われます。

つまり、「誰でもメディア」時代の到来は、コンテンツを編むということだけに関していえば、「誰でもエディター」の時代であり、コンテンツの種類によっては、プロデューサー、ファシリテーター、プログラマー、デザイナー、フラッシャー、サウンド・クリエーター、システム・アーキテクト、インテグレーターなどをも兼務、もしくは兼務しないまでも、各種の領域間はボーダーレスとなっていきます。

そのため、(1)ウェブ上での人の流れや動きを直感し、情報を整理して提示する編集者としてのスキルを有する、(2)システムについての理解をもち、なおかつUI(ユーザー・インターフェイス)やデザインについて明解なビジョンと理解をもつ、(3)換金化のためのビジネススキーム構築までを立案できる職能者である、……というスキルセットが、体系的に訓練されるか、もしくは各自独学でジャンルを越境していく必要があると考えます。

それは紙のメディアだけに従事する「編集者」がウェブ上でも編集者になれる、ということを意味しません。わたしはメディアの進化や変容に無自覚な編集者が、そのまま旧来の「編集」のような〝空間の司祭〟としてのポジションにスライドすることは難しいと考えています。

たとえば、ウェブ・メディアに従事しているにもかかわらず、「ウェブについては詳しくない」と紙媒体出身の編集者が言うのを聞くにつけ、わたしとしては驚きを禁じ得ません。それは、紙媒体でいえば、「入稿の方法や販売網の仕組み、どのように書店で陳列されるかをわたしは知らない」と広言していることと同義だと思うのです。

よって、その手の人たちは「編集者」ではなく、ボディコピーにおける「テキストデータ」の素材提供者の域を出ません。なので、さらに上位に「編集者」が必要となるため、新たな「編集者」を育てるか、もしくはそこに資質を見いだす人材を獲得しなければなりません。

そのようなスキルをもつ人材は、ウェブ業界ではプロデューサーやディレクターに相応するのかもしれませんが、ビジネスとして見た場合に、その地位はトラフィックを稼げる人、もしくは換金化できる人ということで、コンテンツ・セントリック（コンテンツ中心主義）であろうがなかろうが、そこの部分を設計できなければ、次代の編者としての要件は充たされない気がします。

システム開発会社なら、企画立案はもちろんのこと、仕様が書けてプログラマに伝達することができる人材、また、ネット広告系ならばＳＥＯやＳＥＭの達人がいますが、そんな自分の「強み」を育んだ領域を軸として、その強みを徹底的に拡張させていくことでしょう。その際に「メディア心」があるかないか、そのさじ加減一杯か二杯か程度の量が、決定的な大きな差になるということだけは確信できます。

映画監督の資質が、カメラマン出身か、脚本家出身か、それとも役者出身なのか、ということと関係ないように、最終的にはその個人がもつ資質と才能に依るところが大きいのです。つまり、〝次代の編集者〟は、いま考えられている〝編集者〟ではなく、越境によって職能を超えた地点に立つものと推測されるわけです。もちろん、旧来編集者も、その地位に立つことは可能です。むしろ、テキストをどのように扱い、サービスをいかように構築するかという点を理解しているという点において、アドバンテージはあるのですが……。

でも、現実には、多くの人は越境したがらない（苦笑）。

Lecture 19 ウェブメディア全盛時代の新セオリー

わたしが最初にブログをみたときに直感したのは、「個」の資質が剥き出しとなった、ミニメディアよりもさらに極小なナノメディアの像であり、ナノであるがゆえ、細菌のように増殖したり感染して、マスメディアとはまた違う勢力を育んでいくだろう、という予感でした（ちなみに、マイクロメディアと書かないのは、海外ではそれはフラッシュ【＊1】によって構築されたバナーサイズ程度のコンテンツを指したりするためです）。

ナノメディアはたった一つよりも、それが集団となったときに威力を発揮し、専門性の高い分野や地域などの特定エリアの情報に絞るほど強みをもちます。

わたしがブログの可能性を知ってからすぐに、朝日新聞に招かれてスピーチを行いました。そのなかで初めてナノメディアという言葉でブログの説明を行いましたが、米国の「リナックス・ジャーナル」編集長であるドク・シールズ氏は、

【＊1】フラッシュ
音声や写真、動画などで構成される一連のデータやソフトウェア。もともとは米マクロメディア社（すでにアドビ社に買収された）が開発したソフトの名称。

ブログの群れを「雪ダルマ」と呼び、ブログの力は、redistributed（再流通）にあらず、re-originated（再考案・再発明）にあると、わたしが参加した２００６年のカンファレンスの講演で語っていました。

ブロードキャストはネタを提供してナンボ

「雪ダルマ」メディアは、最初は小さくとも、坂を転がるうちに巨大化していくようなメディアであるということです。シールズ氏は、紙媒体は「完成された仕事」であり、ブログは「生きている、そして、雪ダルマ（living and snowball）」であると述べました。

この雪ダルマがどこに転がり落ちるかは、それぞれのブロガーたちの意識にかかわっていることは言うまでもありませんが、実は「誰でもメディア」時代のメディアは個々が自由に振る舞っているのと同時に、それぞれがスポンティニアスに存在しています。それは他者の存在や物差しとなる、あるいは批評対象としてマスメディア（ブロードキャスト）や自分の立ち位置を照射すべき（それが追従、否定、創発のいずれにせよ）カウンターメディアやコメント、トラックバック【＊2】の存在を抜きには語れないメディア圏であることが、際だっているためと思われます。

前回に「発行」と「引用」という言葉を持ち出しましたが、「誰でもメディア」時代では、巨大な匿名軍団によるコンテンツの「ブロードキャスト」に対し、個々のメディアが立ち位置を明確にするべくカウンターをあてていく「引用」が多いのも特徴的です。ゆえに、あまり深い言説よりも、トレンドや雰囲気、気分に流されることも多いため、当然ながら万能ではありません。そのため、同時にメディアや専門の職能者らによるオリジネーターとしての「発行」が欠かせないため、好むと好まざるとにかかわらず、両者は互いを補完するかたちで共生関係にあるように思われます。

そのため、アマチュアも含む「誰でもメディア」が立ち位置を明確にするために「引用」せざるをえない「発行」元として、マスメディア（というか、ブロードキャスト）の需要はなくならないと考えています。ただし、記事を引用もさせない、ＣＧＭも認めないという現行のやり口はビジネスモデルとあわせて再考する必要があるかもしれません。（日経新聞は有料の記事引用に踏み切りました）

つまり、巨大な匿名軍団（企業としては記名ですが）であるブロードキャスト

【＊2】トラックバック
ブログ独自の機能で、あるブログ記事に対して、リンクを貼ったことを告知する機能。コメントでは長すぎるフィードバックなどは、自身のブログで記事として書き、その記事の要約が記されたトラックバックを相手の記事に送信する場合などに使う。

は一次情報源としてネタを提供してナンボ、なのかもしれません。そのネタにより、社会的な意見が形成されるため、もし、「社会の木鐸」を標榜するなら、やはり社会とのつながりを〝仕様〟として取り込む必要があるでしょう。回読率ならぬ、ネット回覧率は高まるわけですから、それは意外とビジネスにも活かせるのではないかと思いますがいかがでしょうか。

わたしが朝日新聞社なら、朝日新聞社とその提携社（日経新聞、読売新聞）と一緒に専用ｄｉｇｇ（71頁参照）を立ち上げます！　ただし、投稿できるのは各新聞の購読者のみ（笑）。もちろん、閲覧は無料ですし、詳細記事に広告を挿入します。

「スォームこそ、王」の時代

大手広告代理店ＤＤＢワールドワイドのＣＥＯ、チャック・ブライマー氏（Chuck Brymer）がネットにおける人の動きを、複雑系における鳥やカエルなどが集団で行動する際の法則＝「スォーム・セオリー（Swarm Theory）」に因んで、宣伝マンやマーケッターは「スォーム・セオリーを理解すべし」、と唱えています。このことは、「誰でもメディア」の編集者（＝運営者）にも言えることかと思われます。無人・有人を問わず、誰でもメディア時代は、誰もがメディアの主なので、リーダーが不在です。そして、それぞれのメディアは自律して活動しています。しかし、スォームのコミュニケーションは、まさに互い同士が注意を払い合い、そして集団で連携していきます。

前に、「なによりも大切なことは、そのコミュニティの『温度』を感じ、感覚的に『刺さるコンテンツ』をセンスし、人の流れを理解することが肝要」だと述べましたが、チャック・ブライマー氏が述べていることは、実は編集者が昔から担ってきたことではないでしょうか。

自らがそのメディアのいちばんの受け手であるということは、何よりも重要だと考えます。受け手として何を欲しているのかを理解し、そのコミュニティ内でのコミュニケーションを読解できれば、メディアにおける「スォーム・セオリー」を見いだせるかもしれません。

また、ブライマー氏はCCO（Chief Community Officer）が必要だと主張します。これからは、それがどんなプラットフォームのメディアであれ、情報を享受した人たちがどう動くのかということを理解し、コミュニケートすることができる新しい職能が必要だということでしょう。そして、スォームに影響を与えるには、自らがスォームの考え方に刺激を与えることが必要だとも。

わたしはこのあたりがプロフェッショナルによるメディアの新しい役割になってくると思います。つまり、多くのフォロワーで構成されるナノメディア空間のなかで、どのような足場を築くのかということが、メディア設計の出発点になってくるだろうと予期します。

かつて、「コンテンツこそ、王」という言葉がありました。しかし、これからはそのコンテンツをめぐる態度は、前に述べたように「発行」と「引用」、もしくはいずれかの組み合せからなり、コンテンツを選択し、情報を再生産します。そんな主体である「スォームこそ、王」(それの善し悪しは別として)になるのかもしれません。

しかし、どんなに人々の民度が高くて、多数の各ブロガーが冷静沈着な思考の持ち主であっても、総体としての振る舞いは、社会学者からの指摘にもあるように、〝集団極性化〟【＊3】のリスクを孕んでいるようです。それについては今後、スォームとなったメディア空間についての観察や研究報告を待ちたいと思います。ここでは、そう

【＊3】**集団極性化**
個人の意見が、集団による討議を繰り返すうちに、その特徴をさらに先鋭化させていく現象。

いうリスクが含まれているのではないか、という疑問出しに留めておきます。

Lecture 20 スォーム時代のメディア・ルネッサンス

スォームの動きですが、全国区に向けたメディア・レーダーで捕捉するには、その信号は最初微細なものです。しかし、「雪ダルマ」として巨大化したときに、マスメディアが追従して報じるので、雪の結晶→粉雪→雪ダルマ→雪崩へとつながる、情報の拡大生産が予測されます。

今後、マスとナノを接合するテクノロジーとノウハウはトライ&エラーを繰り返し、洗練化されていくでしょう。そして、両者に架け橋が築かれた場合、次代のパブリック・リレーションやブロードキャスティングは、ナノメディアと拮抗するというよりは、それらを織り込んだ概念や施策として進化するのかもしれません。それは、本流に傍流カルチャーの成果が組み込まれていくように、ある意味、避けられない運命ではあるかと思います。

ただし、これまでマスメディアに黙殺されてきたアクティビズムやオルタナティブなメディア勢力も、やり方次第では従来メディア以上に影響力を行使できることが予測されます。

たとえば、ゆるやかなアクティビズムとして、テレビを消そうという運動の「Turn off TV」や、物を買わないという運動の「Buy Nothing」を検索してみると、それらを支援する組織や呼びかけが見つかります。特に前者は、ＣＳＴＡという非営利団体を中心に全世界的な呼びかけを行っています。

上記の活動の中心には、「アドバスターズ（Adbusters）」というメディアの存在が欠かせません。カナダのバンクーバーに籍を置く発行元のアドバスターズ・ファンデーションという非営利団体は、１９８９年からグローバル企業やその取り巻きにとって嬉しくない活動を全世界的に向けて啓蒙しています（その活動は、カルチャー・ジャミングと呼称される）。世界中の活動家、アーティスト、学生たちが共感し、日本語の紹介サイトも開設されています。この団体の活動や歴史については同サイトをご覧いただくとして、これらもまた、スウォームなメディア時代のひとつの表出でしょう。

CSTA
http://www.screentime.org/index.php

アドバスターズ
http://www.adbusters.org/

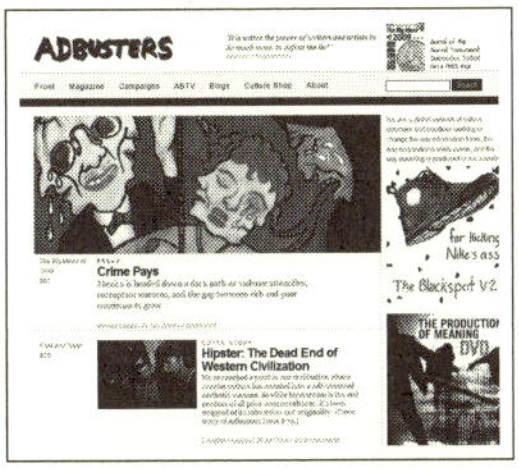

トライブ（部族）のネットワークはワールドワイドに

直接的にネットとは関連しませんが、スォーム全盛の現在、リアルなメディアにも変化の兆しが見られます。カナダのモントリオールを起点に、現在はニューヨークに本籍を置き全世界の都市圏で若い人たちから支持を受けているフリー・マガジン「ＶＩＣＥ」は、サブカルチャーが世界の共通言語となったいま、ストリートのリアルを感じさせてくれる無国籍メディアの代表格です。

これまでは、英国の「ｉ－Ｄ」など、ストリートから支持を受けて成功した媒体でも、一度ブランド化すると、国際的なビッグビジネスとなりました。しかし、ネット時代ではライフスタイルも細分化され、大きな括りで時代を切り取るよりは、その感性にフィットするトライブ（部族）がきっと全世界中にいるはずなので、それらトライブに向けてターゲットキャストしたメディアとして、微細な根を張るようなグローバル化が目立っています。

無論、ビジネスモデルは旧来どおり、各国発行元からの版権使用料や広告販売のロイヤリティによるものかもしれませんが、それがかつては大手出版社しか参入できなかった時代と比較して、かなり障壁が下がってきたという印象をもちます。

VICE magazine Japan
http://www.viceland.com/jp/

これらの動きを見ていると、コーズ・マーケティング(社会運動化させていくマーケティング手法)のようなかたちで、「思想」や「態度(アティチュード)」に訴えながら、ネットを媒介として広がるメディア・ビジネスが予想されます。たとえば、ネット上のコーズ・マーケティングで成功した事例として、ブラウザのFirefox【*1】をご存知でしょうか。

脆弱さを克服すべく、仕様を開示し、セキュリティ面での欠陥を発見した人に報奨金を出すなど、多くの人々の手によりアップデートされてきたFirefoxは、ユーザーからユーザーへと社会運動のように広がりました。

同様に、コーズ・マーケティングを使って成功したメディアに、ホームレスの社会復帰を目的とした英国発の有料購読誌「ビッグ・イシュー」があります。ライフスタイルについても、スケートボード・カルチャーやグラフィティ(壁などへの落書き)・カルチャーのように、日本中の人が知らずとも、これらのカルチャーは横の連帯をもち、グローバルにスターを生み出すマーケットをもっています。これからは横のトライブ同士が互いに連携していくという新しいグローバル展開の予感がします。

今後、メディアはネット上のスォーム・メディアの波に乗ることで、言語の壁

【*1】Firefox
さまざまなコンピュータのOSに対応するインターネット・ブラウザ。非営利企業が管理するが、その仕様は全世界に公開され、誰もが改変できる。それにより、常に迅速なアップデートや機能強化が可能となっている。

を超えて、インターネット出現以前には考えられなかった速度で、大きな広がりをもちえるでしょう。大手出版社にはない発想で、柔軟性をもったビジネスモデルと共に、ネット上だけで完結する「誰でもメディア」と、リアルな「やや誰でもメディア」の市場開拓が期待されるところです。そこで活躍するのは、ブティック（小さなお店）・パブリッシャーとも呼ぶべき新しい出版人たちでしょう。

ステルス（隠密）型メディアの勃興期

わが国でも、かねてより日本発のインターナショナル・マガジンをつくろうという試みを実践しているニーハイ・メディア・ジャパンという企業があります。同社の代表者ルーカス・B・B氏は、かねてより「TOKION」という雑誌で、スォーム・メディアなき時代からワールドワイドを意識したメディア展開を行ってきました。ほかにも、日本のビジネスシーンを英語で伝えるべく、テリー・ロイド氏は「ジャパン・インク」を刊行しています（ロイド氏自身はニュージーランド出身）。そして、日本の漫画を英訳し、海外で発行・発売する「TOKYOPOP」なども有名です。

ニーハイ・メディア・ジャパン
http://www.khmj.com/FLASH/knee.html

ジャパン・インク
http://www.japaninc.com/jp

インターネットが普及したいま、かれらに限らず、わたしたちのような日本人がグローバル・マーケットを視野に入れたメディア展開を行うのは、いまが好機ではないでしょうか。

今後、その本籍をどこに置くかは別として、ひとつのトライブや思想・運動、ライフスタイルを核にした、ゆるやかなメディア・ブティック・フランチャイジーが構築されていくかもしれません。スォーム・メディアの隆盛による、新たな市場環境がわたしたちの目の前には広がっていると言えます。ただし、そう見えないとしたら、それはトライブにしか知覚できないからです。ゆえに、「誰でもメディア」時代は、マジョリティの知覚において不可視のまま越境するステルス（隠密）型メディアの勃興期でもあるのです。朝のワイドショーしか観ない人たちよりも、特定のトライブを狙って、しかもワールドワイドで展開するというメディアビジネスの立ち上げを予感します。

TOKYOPOP
http://www.tokyopop.co.jp/

Lecture 21

ブティック・パブリッシャーとマスメディア（その1）——出版社の新しいカタチ

これまで、才覚と知識、そしてメディア魂（！）があれば、誰でもメディア・パブリッシャーになれるということを語ってきました。一方で、多くのプロフェッショナルたちを抱えた大手出版社や新聞社の未来について憂えてきたのですが（あまりの歩みの鈍さに苛つきつつ）、わたしがこれまで話してきた内容をそのまま伝えると、業界の人たちとは論争になるだけで、論点は互いに平行線のままです。しつこいようですが、わたしは紙の出版が最低だと言っているのではありません。また、ネットが最上のメディアである、と言っているわけでもありません。

また、わたしは自身のことを現在も出版人であると考えていますが、載せるメディアが違うと、それは自分のやることではないという考え方自体、編集者の才覚を狭義に捉えている気がします。本書の冒頭でも述べましたが、出版はプロトコル（手順）であり、編集というスキルがあれば、紙というメディアのみに特化することなく、幅広くメディアを組成できると思うわけです。

わたしたち出版人が身につけた力とは、印刷所への入稿のためだけのものなのでしょうか？　わたしが出版を通じて学んだ「編集力」は、入稿までのスキルのみならず、サービスや商品、ブランドのプロデュース力でもあり、未開の分野を開拓する能力や人を動かす力でもあり、交渉、仕切りや進行、予算管理、資金集め、パッケージング、ひいては不可能だと言われていることを可能にする、ビジネススクールでは学べない特殊な才覚を発揮できる職能だと信じています。

大切なのは出版（＝メディア）魂や編集魂であって、編集者という肩書きではないと思っています。あなたがメディアであればいい。メディアのワイルドサイドを歩け！と、若い編集者には言うのですが、「本当は、大手出版社に行きたかった」と言うのを聞いて、ずっこけてしまいます。

「進化」しないかぎり、もはや成長は見込めない

現在はパブリッシャーにとって、メディアという大陸のプレートに異変が起きているときであり、これまで優勢を誇っていた種が、現在起きつつあるさまざまな変動をくぐり抜けて、未来において生き残るべく進化できるのかどうかが問われているときでもあるのです。

そこで、わたしの見解は次のようなものになります。

それは、ネットの普及によって情報の流れが変わってきたことにより、情報の入手と吟味の方法、提供の経路が変化して、それに伴い人員やかかわるコストが変動します。そのようにビジネスが変化しているのだから、これまでの体制を基準に考えていても始まりません。いままでの規模でビジネスを行うことは、大組織になるほど難しいでしょう。ただし、人間が生物である以上、パッケージされたものを消費し続けることは変わらないはずですから、そこでは、残存社利益が見込めなくもありません。よって、既存ブランドにチャンスがないわけではありませんが、自身が広義の意味におけるメディア企業であることを知り、「進化」しないかぎり、もはや成長は見込めないと思います。

新しいコンテンツ、あるいはジャーナリズムの姿を形成する要素は、巨大組織であるということではなく、むしろ、巨大であればあるほど、今後の情報提供のメカニズムと乖離していくのかもしれません。また、ウェブを目指すことが、即ち利益化につながるわけではありません。

再三、本書で繰り返していますが、参入障壁の低さは競合者の多さを物語ります。よって、ネットに対応できたからといって、かつての組織規模を維持できるわけではありません。そのため、ビジネスモデルの転換などが必要になりますが、コンテンツを閲覧するデバイスがＰＣである以上、コンテンツ課金は難しいでしょう。ただし、将来的に電子ペーパーが低価格で普及した場合、再度、大手メディアはアドバンテージを取り戻すことがあるかもしれませんが、それまで生き残っていることができるのかどうかが課題となります。

ブティック・パブリッシャーにみる新しい出版社像

わたしが経営する会社のグループ企業であるメディアジーンでは、すでに何度も本書で言及しているブログメディア「ギズモード・ジャパン」と「ライフハッカー・ジャパン」を運営しています。この両者は、米国のメディア企業、ゴーカーメディア（GAWKER Media）が運営する数あるブログメディアのうちの二つです。

２００６年にスタートしたギズモード・ジャパンもいまや月間１０００万ページビューを超える媒体に育ちました（２００８年12月時点）。スタートしたばかりのライフハッカー・ジャパンもすでに３００万ページビューを突破し、いまも成長を続けています。

２００４年、わたしは米国のゴーカーメディアと話し合いに入りました。当時より、わたしはかれらのビジネスモデルに注目し、まさにメディアがブログを使ってできる新たな時代の出版について考えていたからです。

ゴーカーメディアは、もともとフィナンシャル・タイムズの記者だったニック・デントン氏により創設されました。ひとつのテーマごとにひとつのブログを雑誌のように立ち上げ、近年成功した新興メディア企業のひとつです。

かれらは、ニューヨークにいるセレブたちのゴシップ情報を掲載したゴーカーを筆頭に、ハリウッド、シリコンバレーなどの地域限定型ゴシップ情報マガジン

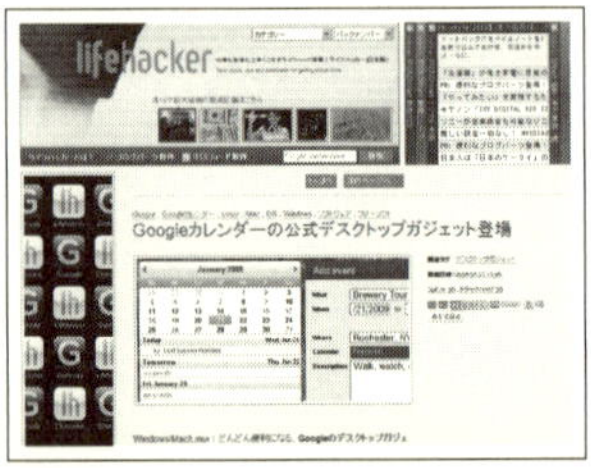

ライフハッカー・ジャパン
http://www.lifehacker.jp/

ともいえるブログをそれぞれ立ち上げ運営しています。また、テーマ別には、最先端の電子機器からガラクタまであらゆるガジェットを集めた「ギズモード」、ソフトウェアの裏技やユニークな仕事術を扱った「ライフハッカー」、ゲームの情報を集めた「コタク」、自動車に関する「ジャロプニック」など、人気ブログメディアを多数運営しています。

2008年、ゴーカーメディアの15のブログの総ページビュー数は、月間で2億4800万に達し、2000万人のユニークユーザーを抱えています。2007年には米のPCマガジンが選ぶ全米トップブログ50のうちに、同社のブログが7つランクインしました。未公開企業ゆえ、その利益などは公開されていませんが、それを邪推するテック系ウェブマガジンの記事も多数あります。

2005年、わたしはゴーカーメディアの方法論こそ次代の雑誌があるべき姿だと思い、海外展開を押し進めていた彼らに知人経由で連絡を取りました。彼らのオフィスはニューヨークのソーホーにあり、ほとんど人の姿はありません。多くが、ネットを通じて投稿・編集するので、旧来の出版社のように全員が集まって働く必要がないのです。2006年にわたしたちは、ギズモード・ジャパンを立ち上げました。すでに多国籍メディアとして各国で展開していたギズモードの

9カ国目のローカライズです。そして、いまでは米国に次ぐユーザー数を抱えたメディアへと育ちました。

２００８年6月にライフハッカーの日本版が立ち上がるため、それにあわせて来日したゴーカーのバイス・プレジデントであるゲイビー・ダービシャイアー氏に話を聞く機会がありました。

以下は、彼女との一問一答です。すでにわたしたちは互いのことをよく知っているので、「です／ます」調だと、少し変な感じなので、あえてくだけた文体を採用しています。

Q　アメリカでもそうだと思うけれど、日本でもブログといえば、まだ個人の日記を意味するよね。そんななか、ギズモードやライフハッカーを知らない人に媒体の説明することは難しく、こちらではブログでメディアを運営しているという意味を込めて、ブログメディアという名称で語ったりしている。そのあたり、どう思う?

A　もちろんブログは日記にも使えるけれど、それは構造を指す言葉なの。わたしたちはプロフェッショナルとしてコンテンツをつくる出版企業であり、メディア企業であるわけ。ただ、ブログという枠組みを採用しているだけなので、ブログメディアという呼称で括られるのではなく、ゴーカーメディアは、あくまでゴーカーメディアなんだけど……。

Q　ブログパブリッシャー（ブログ出版）とも呼ばれているよね？

A　満足しているわ。もし、ほかの誰かからどんな企業だと尋ねられたら、同じように答えるわね。ただし、パブリッシャーという言葉には誤解があるので、きっと多くの人は紙の出版も行っていると思うでしょう。アメリカの場合には、ブログメディアという言葉はなくて、オンライン・メディア企業とか、ブログパブリッシャーと呼ぶほうが一般的よね。

Q　いつからゴーカーメディアはスタートしたの？

A　2002年の8月から始めたから、もう6年になるわ。ギズモードが最初のブログだったわね。ニック（創業者）はブログを信じていたの。そして、ガジェットについてのユーザーが多いことも。そして、彼はニューヨークを拠点にして、ゴーカーを開始したわ。ディフェーマー（ハリウッドのゴシップ情報が中心）、ウオンケット（ワシントンDCのゴシップ情報ブログ。すでに売却済み）、フレッシュボット（アダルト産業の超人気情報ブログ）と続いたわね。最初の1年はぜんぜんお金にならなかった(笑)。読者の数もいなかったたし、広告も入らなかった。2005年、さらに3つのタイトルを始めて、2006年には18のタイトルを運営していたけれど、6つのサイトを売って、もっと集中することにしたの。いまは、12タイトルあるわ。

Q 今後は?

A 戦略としては、多くの主要国でローカライズすることよ(笑)。ネットはグローバルだもの。

Q Kinja【*1】というサービスも運営していたよね? 世界最初のアグリゲーターだと思うけれど?

A そうね。ただ、ゴーカーメディアはコンテンツ事業に絞ることを選んで、Kinjaを休止したの。

Q グーグルマップとマッシュアップしたゴーカーストーカー【*2】も早かったよね?

A そう。それはまだ続いているし、人気サイトになっているわ。

【*1】Kinja
お勧めのブログが各カテゴリーごとに用意されていて、そのなかからユーザーは読みたいブログを選ぶことができる。もちろん、自身で登録したブログも追加でき、それらのブログが更新されたら、その情報を集約できる。いまでいう「はてなアンテナ」のようなものか。ただ、登場は少し早すぎたかもしれない。筆者はすごく気に入っていた。

【*2】ゴーカーストーカー
マンハッタンを中心に、セレブたちの出現情報がグーグルマップ上に立ったフラグとともに提供される。たとえば、「キーファー・サザーランドをソーホーで見た、話しかけたらふてくされていた」といった内容の情報が逐次アップされる。

Lecture 22

ブティック・パブリッシャーとマスメディア（その2）——小さく生んで大きく育てる

前章で取り上げたゴーカーメディア以外にも、ブログをメディアとして活用したブティック・パブリッシャーは存在しています。有名なところでは、ＡＯＬに買収された「ウェブログズインク」（Weblogs, Inc.）。こちらは前出のゴーカーメディアが運営する「ギズモード」のライバルサイトである「エンガジェット（engadget）」ほか、クルマやゲームなど、それぞれにブログを使ったメディアを運営し、まさにゴーカーメディアとガチンコ勝負をしています。

それぞれの特徴としては、サブカルチャー・ミーツ・テクノロジーといったゴーカーメディアに対し、それよりも、もう少しニュートラルに大衆性を意識しているのがウェブログズインク、といった感じでしょうか。

ウェブログズインクは、2005年と比較して、2008年には、ユニークビジターの数は642%、海外を含めると994%の伸び率をみせ、現在、ページビューは同社が運営する10個のブログ閲覧数総計が1億6000万に達するようです。利益については、3000万ドルとのこと。従業員数が26名とのことですから、かなりの高収益です（docstoc にアップされているAOLのプレゼン資料による）【＊1】。

あまり知られていないのですが、欧州でもゴーカーメディアに触発されたブティック・パブリッシャーは存在しています。「スモールメディアグループ（Small Media Group）」がそれです。

こちらは、政治、経済、テクノロジー、エンターテインメントの分野にまたがる28個のブログを運営しています（2008年時）。

スモールメディアグループが運営する「ペテロヘッド（Petrol Head）」は、クルマに関する情報ブログで、テキストとビデオで投稿されています。特に圧巻なのは、サーキットを借り切ってフェラーリなどのスーパーカーの走行テストを行ったりする映像が刺激的です。「ペテロヘッド」は、ゴーカーメディアの「ジャロプニック」やウェブログズインクの「オートブログ」などと同じカテゴリーの欧州

【＊1】Third Anniversary Weblogs Inc_AOL 11
http://www.docstoc.com/docs/2020026/Third-Anniversary-Weblogs-Inc-_-AOL-11

スモールメディアグループ
http://www.smallmediagroup.nl/

版になります。

　2005年に、創業者のマイケル・フラッカー氏がわたしのオフィスを訪ねてきました。そのとき、かれから話を聞いたところ、フラッカー氏は立ち上げにかかるコストを小さくし、レベニューシェアなどで、関係スタッフたちに還元していく方法論をとっているとのことでした。

　一方、ゴーカーメディアやウェブログズインクに比べると、もはやブティック・パブリッシャーの域を超え、ブログ界の独禁法違反じゃないかといった様相を呈しているのはトロントにあるb5mediaです。ゴーカーメディアとウェブログズインクが、これまでの出版社に近いかたちで自分たちが雇った編集者によってそれぞれのブログを雑誌のように運営するものだとしたら、b5mediaは独立したブロガーを集めたメディア・ネットワークということになります。その数は300以上、ビジネス、ライフスタイル、スポーツ、エンターテインメントなどブログの分野は多岐にわたり、月間のページビュー数は3000万、ユニークビジター数は1000万人になるようです（同サイトの説明による）。

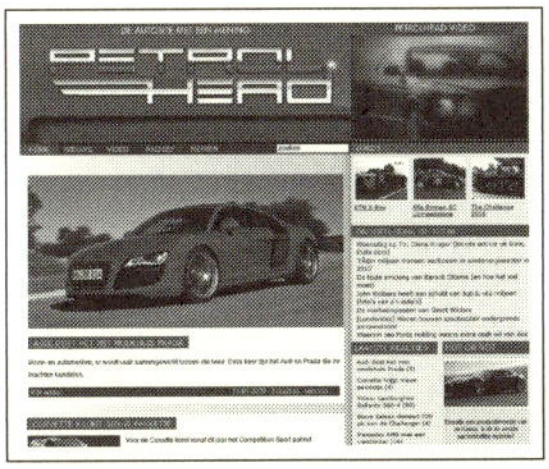

ペテロヘッド
http://www.petrolhead.nl/

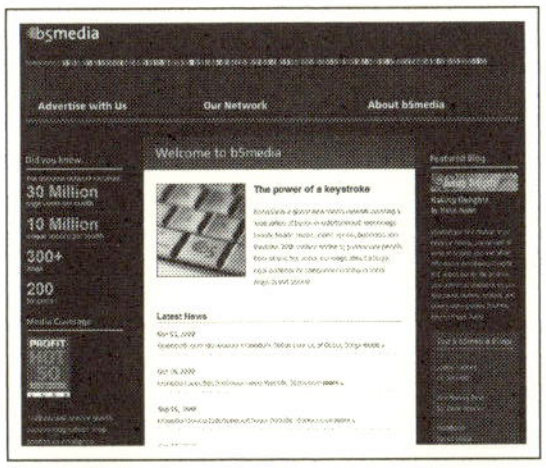

b5media
http://www.b5media.com/

ブログの神髄は運営者オリエンテッドであること

ブログメディアが既存のマスメディアと違うのは、「小さく生んで大きく育てる」ところです。ところが、既存マスメディアの方法論は、先にコストありきとなりますので、一定規模の収益を確保できなければ存続できません。そこで多くの人々に告知するべく大量宣伝をうつことが前提となり、事業そのものの試算にあたっては、収益と支出額もかなりの額となります。黒字化するためには相応の売れ部数と広告集稿が必要となり、そのためには大手代理店との連携も必要ですし、ニッチ分野を攻めるよりも、母数の大きな読者を欲しています。しかし、そのような多額の投資を行っても、現代社会は個人の趣味嗜好が細分化しているため、読者が不在のところに、さらに紙媒体に費やす時間が減少していることと、企業もROI（費用対効果）が測定しづらいという理由で紙媒体への出稿を控え始めています。よって、大組織による雑誌の出版はビジネスとしてリスクばかりが高くなる傾向にあります。

小さな魚の群れを捕りにいくなら、集団で行く必要はありません。その魚の生態に精通したエキスパート、あるいは愛好家が地図にも載らない小さな渓流を進むべきです。ところが、既存マスメディアは船による遠洋漁業を得意とし、捕獲量も膨大な数を狙っています。そこが存在理由でもあるのですが、読者という魚自体が海洋から減少し、それぞれの住処に棲む現在、遠洋のための燃料代（＝紙や流通コスト）が上がり、大規模な網漁は厳しい局面を迎えています。

一方、マスメディアには勤まらないかもしれないけれど、サラリーマン化したメディア企業を横目で見つつ少人数でさっさと立ち上げてしまうブログメディアの軽やかさは、その運営コストの低さもさることながら、情報の速報性では紙メディアの追従を許しません。日刊紙よりも速く、時報に近いかたちでアップデートできることがブログの利点です。そして、その情報を読者が自らのブログで引用したり、特定コミュニティにリンクするなど、生きた導線がつくられていきます。

そして、これがメディアビジネスにおいては、かなり重要なことですが、深刻な痛手を負う前にやめることができるのです。週刊誌をいったん刊行したら、「部数が少しずつ上向いている。まだ様子を見よう」などと言っているうちに、企業の存在基盤そのものを揺るがす赤字を垂れ流す事態になりかねませんが、ブログはスクラップ＆ビルドが容易だということです。わたしなら編集長になりたい編集者それぞれにブログメディアを立ち上げさせ、その競合に勝ち残ったもの（判断基準はいろいろありますが）に対して投資を集中するでしょう。

無論、わたしはブログメディアだけが未来のメディアだとは思っていません。しかし、進化していく先に通過しなければならない扉がいくつもあるとしたら、そのうちのひとつだと考えています。もともと雑誌とは、それが取り扱う特定ジャンルが好きで好きでたまらない人間が編集者として立ち上げ、それがムーブメントになってきました。つまり、先に編集者ありきだったのです。同様に、ブログの場合も少人数で運営する場合には、編集者の個性が強く反映されるものとなります。ゆえに、ブログの神髄は運営者（＝編集者）オリエンテッドであり、それでこそ雑誌本来がもともと備えていた粗野な力を取り込み、さらに進化し続けるのではないでしょうか。

雑誌のテーマ選びはいまだに特定の個人のモチベーションに基づいているはずですが、システムが複雑になり、編者だけではなく、営業部や広告部などの多くの関係者による思惑が働きます。そのビジネス規模の割には、特定個人の資質にかかわっている雑誌ビジネスは、もともとアンバランスなものでしたが、近年、ますます市場との大きな乖離を生んでいるような気がします。

本書の冒頭で、メディアを立ち上げたいから出版社に入社するという学生の話をしましたが、自分が好きなメディアを立ち上げたいのなら出版社に、という選択はナンセンスな気がします。メディアを立ち上げたいなら、今日にでも自宅で立ち上げればいいのです。

わたしが自ら会社を興したのも、社内での根回しや他部署との闘争などに辟易していたからです。出版の前に、まずは社内政治を戦い抜くだけで疲労してしまうわけですから。そして、その次には取次企業、あるいは代理店のネゴというふうに、真に見据えなければならない読者コミュニティからはほど遠くなっていくのが現状です。

家内制メディアから、メディア帝国へ

さて、米国のブログメディア企業について話をしてきましたが、そのなかでも家内制メディアとしての極めつけは米の「シュガー・インク（Sugar Inc）」ではないでしょうか。

シュガー・インクは、ブライアン・シュガー氏と妻のリサ・シュガー氏が育て

Sugar Inc
http://www.sugarinc.com/

たメディア企業です。いまやシュガー・インクは、ブログ界の一大コングロマリットへと成長しました。同社によれば月間で８００万人のユニークユーザーをもち、４０００万ページビューを誇っています。２００７年には銀行預金が１２００万ドルあるとビジネス情報ブログのインタビューで語り、実際に、ショッピングサイトやファッション系情報ブログを買収するなど、積極的なビジネスを展開しています。

もともとはリサ・シュガー氏が個人で始めたセレブのゴシップに関する情報ブログ「PopSugar（ポップ・シュガー）」が1年後には５００万人のユーザーを引きつけたことがきっかけだったようです。その後、女性向けの美容や健康、ライフスタイルについての情報を送り届けるポータルサイト「iVillage（アイビレッジ）」（ＮＢＣが出資）と広告販売で提携するといった大躍進を果たしました（現在、提携を解消し、独自に販売）。

その後、「ポップ・シュガー」の水平展開がなされ、健康についての「フィット・シュガー」、政治についての「シチズン・シュガー」、テクノロジーを扱う「ギーク・シュガー」ほか、ＳＮＳである「チーム・シュガー」や読者にブログを提供する「オン・シュガー」など、メディアとＡＳＰをあわせて29種類のブランドを保有、英国でも展開をしています（２００９年1月時点）。

このシュガー夫妻のメディアはいまや全米の女性向け人気サイト「グラム（Ｇｌａｍ）」と競合するほどになりました。

わたしが言う「出版社の進化を奪取する」を個人レベルで可能にしたシュガー・インクの躍進は、まさに「誰でもメディア」のサクセス・ストーリーなのです。ほかにも膨大なトラフィックを集める個人サイトは多く存在しています。今後は、おそらくそのようなメガ・ブログのＭ＆Ａがさかんになるに違いありません。

米ゴーカーメディアのゲイビー（２１４頁参照）にいわせると、同一分野に多くのブログメディアがひしめく様は、「健全な競争であり、一時たりとも油断ができない。しかし、読者にとってはこの競争から得るもののほうが大きいだろう」とのことです。

この激戦区を闘うには、稟議書を回したり、回答が何日も先延ばしされるような大組織では困難です。そのような意味でも、わたしは今後の雑誌を軸にしたメディアビジネスは、「ラージ・フォーカス、スモール・プロフィット（大きなテーマ・少ない利益）」ではなく、「スモール・フォーカス、スモール・グループ、ラージ・プロフィット（小さなテーマ・小さな組織・大きな利益）」に変遷したと考えます。

ビジネスでは、よく「選択と集中」という言葉が使われますが、ブログメディアの世界は「選択と集中、そして、また選択」なのです。

Lecture 23 ブティック・パブリッシャーとマスメディア（その3）――ビデオキャストの可能性

前回述べたブティック・パブリッシャーには家内制メディア企業が多いのですが、最近では、コンピュータ系メディア企業であるオライリーメディアが、ユニークな日曜大工（こう書くと語弊がありますが、簡単なローテクから凄いハイテクまでを含むＤＩＹ）を紹介するブログメディア「ＭＡＫＥ」（もともとは紙の雑誌）を運営したり、「ヴォーグ」などで知られるコンデナストは、紙媒体である「ポートフォリオ（Portfolio）」のウェブ版（オマケの域を超えて、ブログは本格的）を運営するなど、複合型メディア企業は、ブログメディア（英語ではブログ出版だが、わたしは便宜的にこちらの呼称を使用）に秋波を送り続けています。

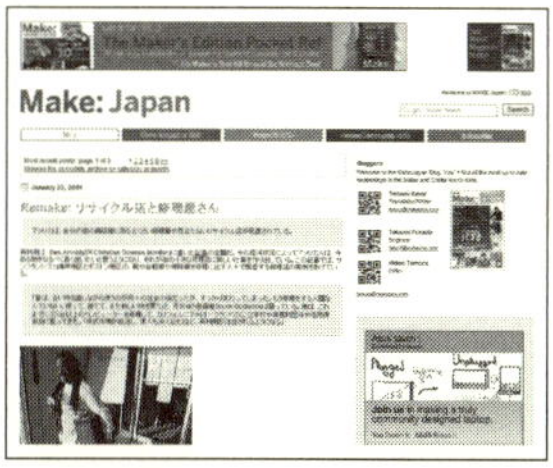

MAKE（日本語版）
http://jp.makezine.com/blog/

ポートフォリオ
http://www.portfolio.com/

テキストベースより格段にコストがかかる動画ブログ

今回は、動画ブログについても取り上げてみたいと思います。動画ブログは名称こそ定まっていませんが、ビデオキャスト、あるいはビデオポッドキャストなどと呼称されています。わたし自身は、「テレビ放送の未来」ということでこのビデオキャストを捉えていません。むしろ、雑誌の進化する過程でビデオと融合していくか、もしくはテレビ放送のダウンサイジングとして、雑誌的な見せ方になってくるだろう、というふうに捉えています。

実際にわたし自身もビデオキャストの番組を始めたり、それらビデオポッドキャストや音声だけのポッドキャストのポータルサイトを運営していましたが、諸般の事由から、いまでは前者は休止中、後者は事業譲渡しました。テキスト以外のリッチコンテンツを継続して企業が運営していくことの大変さを学んだ次第です。しかし、ノウハウは溜まったので、チャンスがあればまた復活させたいと考えています。

さて、ここでは全米でもっとも知られた人気ビデオ番組「ロケットブーム(Rocketboom)」について触れないわけにはいかないでしょう。

わたしはこの「ロケットブーム」の初代人気キャスターだったアマンダ・コンドン氏の講演を2005年にニューヨークで聴講したことがありますが、そのときはまだロケットブームは換金化について不安げな様子でした。つまり、サイト運営では稼げないが、ほかで稼いでいるということを暗に示していたプレゼンテーションだったからです。

それから一年後、ロサンゼルス郊外のオンタリオという場所で開催されたビデオポッドキャストの祭典「ポータブルメディア・エキスポ」で、同番組のプロデューサーであるアンドリュー・M・ベイロン氏の話を聞く機会がありました。彼は、毎月番組のロゴをプリントしたTシャツが通販で売れていると語っていました。4000ドル分というから、かなり制作費の助けにはなっていたことでしょうか。以下は、当時、わたしがメモしたベイロン氏の話の内容です。

・「もともと自分のためのネットワークをつくりたかった。最初にクイックタイムやウィンドウズメディアなどのフォーマットでDVDに焼いて、ユーザーテストを行った。ブログをはじめてから、BOING BOING などをみて、日記以外のニュースの伝え方をビデオで伝えられないかと思った」

・「テクノラティで表示される人気上位のブログのように、すぐに視聴者からのコメントをレスポンスできるようなものを考えた。ブログのようにすぐに拡散し、いろんな人が反応するオーディエンス・リレイテッド・ディスカッション（番組と連動し、聴衆が語り合えること）を求めた」

・「ビデオキャストに終始するだけではなく、Ｗｉｋｉをもうけて視聴者たちとコミュニケーションをはかっている（その名もウィキブーム）」

さて、ロケットブームに広告は入っているのでしょうか。かれがロケットブームの広告をｅＢＡＹのオークションにかけたところ一週間８万ドルといった金額で落札されたようで、それに気を良くしたのか、当時は「好きな広告主の広告なら掲載したい」といった旨の発言をしていました。

現在、ロケットブームがどれだけの収益をたたき出しているのか知りませんが、その継続には、たゆまない努力と苦労のあとが窺えます。人気女性キャスターのアマンダ氏が降板してしまうといったピンチを乗り越え、また、実際に経験がある方ならおわかりでしょうが、ビデオキャストはテキストのブログよりも労力とコスト、日数がかかります。それを少人数で更新し続けることは簡単なことではありません。テキストに比べて、ナレーターを起用したり、ポストプロダクション（編集などの撮影後作業）の工数が多いため、企業としてはどうしてもコストが馬鹿になりません。そのため、テキストのブログよりも参入障壁は高く、ここはまだ多才な個人か、すでに定額で発生するコストをペイできる力をもった映像制作会社に委ねられた領域のような気がします。

言語を超えたグローバルメディアの可能性

同じビデオキャストでは、CBSに500万ドルで売却に成功した「ウォールストリップ（WallStrip）」がよく知られています。同番組は、株や企業についての情報を、サブカルチャーの手法で伝えることで話題をさらいました（中身がスカスカという評判もありますが）。多くの金融系情報はタメにこそなれ、あまり面白くはありません。「ウォールストリップ」は、「ウォール街・ミーツ・サブカルチャー」と呼称されていたように、エンターテインメントとしても楽しめる点では、かなりユニークな試みだったといえるでしょう。

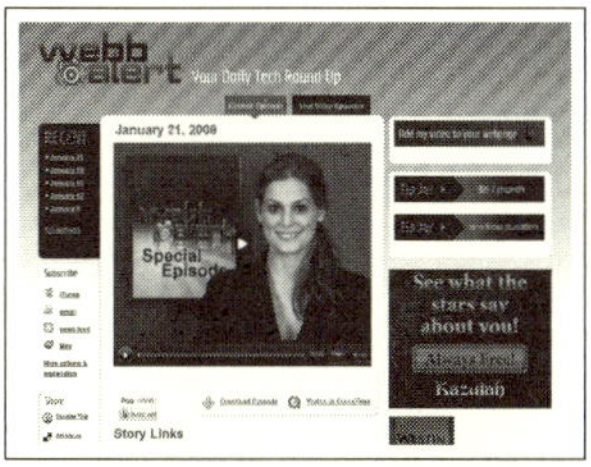

ウェブアラート
http://webbalert.com/

本来、ブログメディアは認知までの道のりが大変であり、その部分だけを請け負って人気ブログや人気サイトに育てたあと、売却するというのは、ひとつの方法論として確立されています。売り先は、著名ポータルサイトや既存メディアということになりますが、日本もいずれ、ウェブへの対応に出遅れた大手メディア企業が焦りはじめているでしょうから、そちら方面への売却というのも選択肢のひとつになってくるかもしれません。

これらビデオキャストは、ロケットブームが先陣をきり、「ウェブアラート(webbalert)」や「モ・バズTV(MobuzzTV)」といった番組が登場しました。老舗の「ギークエンターテインメントTV」や個人のビデオキャスターでもっとも有名なロバート・スコーブル氏(元マイクロソフトの広報担当)の「Scobleizer」もありますが、テレビ局やラジオ局などマスメディアも参入し、自主系から巨大企業まで入り乱れた混戦模様となっています。また、米BOING BOINGやギズモードのように、有名ブログがテキストと併せて動画を挿入するなど、ブログメディアにとっても無視しがたいメディア・フォーマットです。

もし、あなたが日本人でもオーディエンスを国内だけに求めず、海外市場も視野に入れたビジネスモデル構築と継続するための採算面さえクリアでき、オーディ

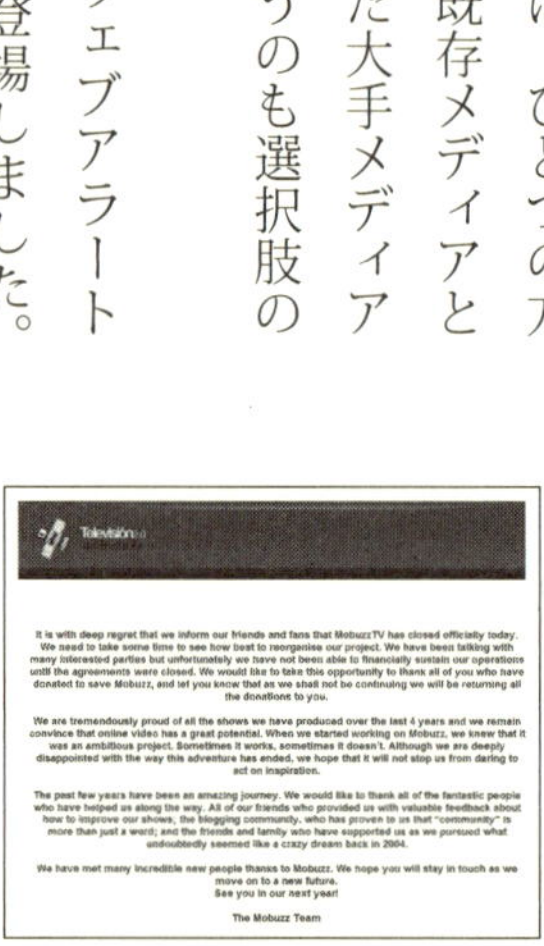

モ・バズTV
http://dailybuzz.mobuzz.tv/

Scobleizer
http://scobleizer.com/

エンスと広告主の気を引くコンテンツが組成できるならば、ビデオキャストこそ言語を超えたグローバル・メディアの可能性を秘めています。個人のみならず、企業や政府こそもっと積極活用すべきかと思います。

さらに、わが国でも今後勃興するであろう動画分野は、ハウツー系でしょうか。米国ではすでに老舗のｅＨＯＷといった解説サイトがあります。パンクの修理方法や奨学金の取得方法まで幅広いジャンルを網羅しているのが特徴的です。最近では、すべて動画で解説するといったVideoJugのようなサイトも登場しました。ハウツー系というのは書籍では定番モノですが、専門書を刊行している出版社には、進化すべき場所はここにあるとだけヒントを申し上げておきましょう。

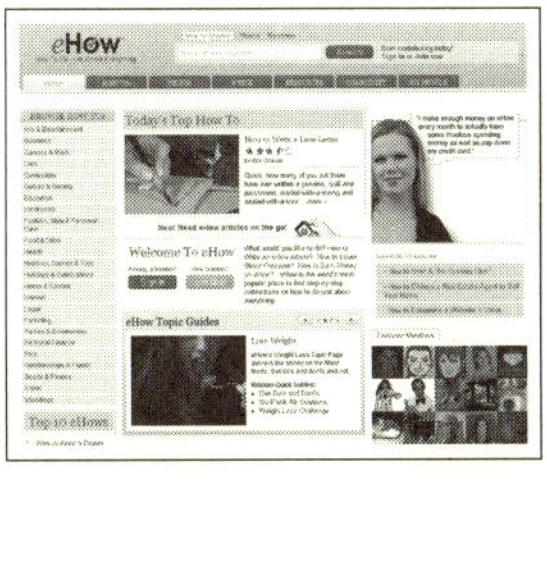

eＨＯＷ
http://www.ehow.com/

VideoJug
http://www.videojug.com/

Lecture 24

ブティック・パブリッシャーの換金化

米国では、ブログメディアはもはやユーザーや企業にとって無視しがたい存在となっていますが、日本ではどうでしょうか？　いまのところ、ブログは日記と同義に思われていますし、メディアがブログを利用しても編集部の日記やリリース文を載せるなどといったライトな利用法が少なくありません。しかし、実は本稿をお読みの皆さんも、何気なくアクセスしたヤフー！などのポータルサイト経由でブログメディアが配信した記事を読んでいるかもしれません。

ギズモード・ジャパンでは、多くのポータルサイトや人気ＳＮＳに向けて記事配信を行っています。テレビ番組や雑誌などのマスメディアのなかには同サイトをネタ元として注目し、何度か取り上げてくれたところもあります。そして、日夜、どの媒体で宣伝すればもっとも効果的にユーザーに訴求できるのかと頭を悩ませている企業の広報担当者には、この媒体がどれだけの価値をもっているのか理解されつつあります。

ブログのみならず、ウェブ発の情報はマスメディアにネタとして拾われ、それが再配信されるというエコシステムができあがっています。そのため、影響力のある・なしでいえば、紙媒体には負けないと自負しています。

「ギガジン、エンガジェット、ギズモード……それはなにかの呪文ですか?」(すべて有名なガジェット系情報ブログ)という人でも、ネットにアクセスしていれば、どこかでそれらの記事を閲覧している可能性が高いため、わたしは(すでに述べましたが)それらをステルス型メディアと呼んでいます。全国区で名前が知られていなくとも、影響力は保持できるわけですね。逆に、全国区で名前が知られていても、読んでいる人が日々減少しているメディアは山ほどあるわけです。

まったくネットにアクセスせずに、「そんな無名なメディアなんて知らないよ。どうせオタク向けのなんかでしょう。そのあたりは若い連中に任せた!」とイスにふんぞりかえっている出版社の重役、企業の宣伝・広報担当者は理解しえない(したくない?)事実です。オフィス・ワーカーの多くがランチ時間や手の空いたときにPC経由でさまざまなサイトを閲覧していることをご存知でしょうか?その数はランチのときに雑誌を読んでいる人の数より多いと推察されますが、いまだに「ブログでメディアを運営している」というと、「オタク向けですか？」と言われることも少なくないため、わたしからすれば驚きを禁じ得ません。

購買行動は「AIDMA」から「AISAS」へ

２００５年にビル・ゲイツが米のエンガジェットからの取材申し込みを許諾したことが話題になりましたが、毎年ラスベガスで開催されるアメリカ家電協会主催のＣＥＳ（コンシューマー・エレクトロニクス・ショー）では、人気ブログメディアからの取材を受けることが重要な広報戦略の一環になっています。米ギズモードでは、メーカーが新製品の発表前に編集部に商品のテストを許諾させ、レビューを先に書かせようと新製品をオフィスに届けるなど、その広報の売込みぶりは、雑誌並に、いや、雑誌以上にプライオリティが高いのです。

これは、消費者の購買行動が、これまで広告業界でいわれていたAIDMA（注意喚起↓興味↓欲望↓記憶↓行動）という遷移から、インターネットの普及により変化したためです。いまでは、AIDMAに代わり、AISAS（注意喚起↓興味↓検索

↓行動↓共有）というふうに消費者の行動はインターネット抜きに語れなくなってきました。このあたりはマーケティング系の書籍に詳しいので、そちらを参照していただくとして、企業からの広告に頼るメディアこそ、ユーザーから検索されてナンボ、と言えます。

米ではエデルマン（Edelman）など大手ＰＲ会社ですら、ブログに特化したバズ・マーケティング（口コミ・マーケティング）を施策するＰＲ部隊が存在します。英国にはさらに小さなネット専業のクリエイティブ・エージェンシーが大企業のバズ・マーケティングを成功に導いています。ＰＲ会社はストラテジストを雇い、多くの企業のキャンペーンを成功させています。ストラテジストのなかにはＢ・Ｌ・オックマン（B.L.Ochman）氏のようなフリーランスの凄腕コンサルタントがいます。そのあたりの事例や方法論については、わたしが役員を務める会社が得意とする領域ではありますが、本書の主旨から逸脱するため割愛するとします。ともかく、もはや企業にとってネット上のメディアを活用したマーケティング・キャンペーンは、必要不可欠なものとなっていることは間違いありません。

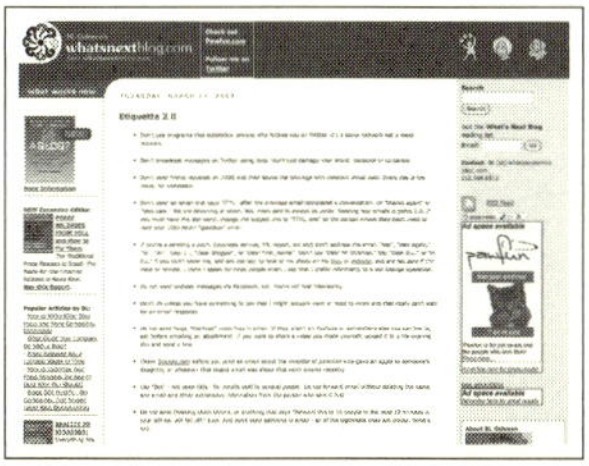

B.L.Ochman 氏のブログ
http://www.whatsnextblog.com/

レビュード・コムの先進性は検索エンジン対策にあり

企業にとってブログメディアが無視できない存在として認知されたのは最近ですが、古くから存在していたのが「レビュード・コム（REVIEWED.COM）」です。ある意味、同ブログの扱う領域は既存の出版社の得意分野でしたが、なにしろそれら出版社の多くは、自身のビジネス規範を紙というメディアと物流に縛り付けているので、ネットへの取り組みは後手にまわっていました。また、経営者やスタッフが高齢化して、ＩＴ化への人的リソースが足りないという弁明を聞くことがありますが、高齢の経営者でもウェブへの進出を実現している企業はあるのだから、あまり理由にはならないと思います。わたしが主張するのは、ウェブへの取り組みはビジネスの再構築なのであり、それは経営課題なのです。ですから、トップの認識不足や決断が優柔であるほど、それは致命的な結果を招くことになります。

　わたしが本書で再三述べているように、このような既存出版社がメディアとして正常進化していれば本来はそこに納まるべき場所が、ガラ空きではなかったということです。そして、その場所を奪取することが、ウェブメディアの本懐なの

REVIEWED.COM
http://www.reviewed.com/

です。出版社においては、その場所の予約をして、その場にたどり着くということが命題でもあります。

さて、ブティック・パブリッシャーの多くはアクセスするユーザー数を頼りに企業広告の閲覧および、特定サイトへの誘導、そしてそこでの購買や資料請求などといった「行動」への導線に価額をつけ、広告収入としてビジネスにしています。レビュード・コムもそのなかのひとつに数えられ、メディアの影響力をもっとも直接的に使っている好例ではないでしょうか。

レビュード・コムを一言で説明すれば、その名前のとおり、製品レビューを載せたポータルサイトということになります。もちろん、わが国にもインプレスのAV WatchやCNETジャパンの製品レビューなどが存在します。

このレビュード・コムのユニークな点は、デジタルカメラ、AV製品、そのほかのコンシューマー・エレクトロニクスの製品レビューに特化し、たとえば、デジタルカメラだけの専用サイトであるDigitalCameraInfo.comやプリンターだけに特化したPrinterInfo.comなどを立ち上げている点です。また、レビューの方法論や判断基準を公開し、信頼性を謳っています。そして、なによりも同サイトは検索エンジン対策が抜群なのです。

前にわたしは、ウェブ上の出版は「選択と集中、そしてまた選択」と述べましたが、このサイトはその典型例かと思います。

もともと、CEOであるロビン・リス氏は、まだ20歳を過ぎたばかりのときに、このレビュード・コムを立ち上げたようです。しかし、彼女は筋金入りのブロガーで、13歳の頃からレビュー系ブログを運営し、大学卒業後にはすでに13名のスタッフを抱えていたそうです。

わたしは彼女と直接話をしたことがありますが、その明晰な頭脳に感銘を受けました。そのとき、彼女は日本の大手デジタルカメラ・メーカーの社長と会見するために来日していました。その大手メーカーは、彼女のレビュード・コムが北米での販売におけるカギを握るメディアのひとつだということを認識していたようです。その企業のトップ自らが、彼女に新製品を手渡ししたとのこと。そんなリス氏はこれまで会ったどのインターネットの起業家とも違い、わたしの世代とも違う、「ウェブ空間を本籍とする新メディア人」といった印象です。彼女のアプローチは、ウェブにおける人の流れというものを熟知し、検索エンジンにどのように見られるかを意識したメディア組成です。わたしは究極的な組み合わせとして、SEO企業とコンテンツ企業の統合を夢想しますが、たいていはカルチャーが違い過ぎて実現しないでしょう。しかし、それを一人のなかで併せ持った場合、レビュード・コムになるのかもしれません。

出版社の多くは自社の目録だけをそのまま移植したかのようなウェブサイトを構築しがちで、ウェブの本質を疎かにしている印象を受けます。ウェブがチラシだった時代は90年代後半までで、いまやモバイルや紙を横断した設計が必須の時代です。良いコンテンツを収蔵し、お金をかけたサイトをつくっても人が行き交う往来に位置しなければ無価値なのです。わたしはそのようなサイトを、〝田んぼのなかの豪華な立て看板〟と呼んでいますが、日本の出版社は、時にそんなサイトを数々構築していて、それが不思議でなりません。レビュード・コムは、徹底してウェブ的な構造の上に、プロの手によるコンテンツが載るといった印象です。

インターネットバブル期から、バブル以降、多くのＩＴ起業家たちは出版社がぐずぐずしている間に、ユーザーのニーズを満たすサイトを創設してきました。多くはＣＧＭ（コンシューマー・ジェネレーテッド・コンテンツ）であり、検索エンジン対策も強化されています。しかし、一人のユーザー視点にたったとき、わたしがグーグルで欲しい製品情報を検索し、満足がいく結果を得るためには、相応の労力が必要となります。

ＣＧＭを否定するわけではありませんが、たとえば、その製品についてあまり明るくないときに、やたらと仔細に詳しい常駐マニアの方が「あれがいい、これのここがダメ」と述べて丁々発止しているのは（内ゲバというか、結局、神学論争のような意見が散見される）、初心者には参考にしづらいということでしょうか。むしろ、専門誌の「同一価格帯の機種一挙テスト！」「複数の識者が本音で検証」みたいなコンテンツのほうが有益なのですが、そもそもそのような専門誌があるのかどうなのか不案内なのが初心者なのです。

そこで、専門誌が過剰に広告主にヨイショしないで、本格的なレビューをウェブ向けに送り出していれば、わたしはそれを参考にするでしょうし、また、そこから商品購買ページや企業サイトへのリンクをクリックするかもしれません。しかし、いちばん重要なことは、検索してすぐに結果が表示されることです。検索エンジンは、いわば新たな取次会社兼大型書店および中吊り広告であるのです。

雑誌の本質は「コミュニティを生み出す力」

前にも述べましたが、ウェブ業界ではランディングページという考え方があります。

それは検索結果と直接的に結びついたコンテンツによって構成されるページであり、その真逆は、たとえば、ビッグワード（クルマ、美容、コスメなどの大きな括り）に紐づいたポータルサイトなどです。もともとSEO（検索エンジン最適化）は、このようなビッグワードから特定の語句までを検索結果の上位に表示するノウハウですが、仮にそれに成功したとしても、ユーザーが訪れたページに適切なコンテンツを用意していなければ、ユーザーはすぐにそのサイトを離脱してしまいます。

たとえば、わたしが10万円以内で92万画素以上・3秒以上表示のライブビューを搭載、ファインダー視野率95％以上のデジタル一眼カメラ（たとえばですよ）を探しているにもかかわらず、コンパクトデジタルカメラを多く含むポータルサイトが検索結果の上位に表示された場合には、そのサイトにアクセスしても、なかなかマッチングしたコンテンツを求められないか、階層が深すぎてさらにそこから探すことが億劫になります。

ですので、ランディングページというものを用意して、ユーザーを逃がさないことが重要なのですが、製品レビューなどは、まさにランディングページそのものだとわたしは考えます。そもそも紙の雑誌は趣味嗜好が分化して誕生してきたものが多いので、その存在自体がランディングページといえるでしょう。

大手出版社が雑誌の見てくれをそのままウェブにもってきて、「デジタル雑誌を開発」という話を聞きますが、わたしは検索エンジンに結びつかない静的なコンテンツが、ウェブという常にフローから成り立つ動的な環境においてマッチするのか、ずっと疑問視してきました。そして、これはわたしの持論ですが、「雑誌の本質はその形に非ず」なのです。本質は、「コミュニティを生み出す力」なのだと考えています。コミュニティを生成するには、ライブなリンクとコンテンツの再利用を促すことです。パッケージング・メディアは、芸術作品のように「閉じていて」、それ自体が完結しています。それゆえ鑑賞の対象にはなりますし、編者のプロ意識も高いのですが、ウェブメディアはフローによって成立しているので、そこからアクションを起こすことに繋げなければ意味がありません。

わたしが考える理想のウェブ雑誌とは、人の往来、つまり、トラフィックを呼び込むための導線（外部リンクなど）や検索エンジンを無視しては考えられません。紙の雑誌でいえば、書店の並び位置や平台（雑誌が面で陳列されている台）での見え方が検索エンジンでの結果表示にあたります。そこをないがしろにすると、どんなに優れたコンテンツをつくっても意味がないことと同じです。

ネット上に情報がなかった時代には、ＣＧＭでもとにかく情報収集に役立つ機会が多かったわけですが、ＣＧＭには編集という観点が欠けていますから、いろいろな意見を掻き分け、自ら有益な情報を見つけ出すといった手間がかかります。そこをプロの編者やライターがユーザーのエージェント（代理人）として、コンテンツをウェブ向けに提供すれば、それなりに充実したサイトとなるでしょう。

もともと、優れた専門誌はユーザーサイドに立ったレビューを行っているので、そのような媒体で活躍する優れた編集者とは、実は優れた消費者でもあるのです。よって、趣味のジャンルにおける優れた専門誌はそのままウェブに進出すればコンテンツとして成立しますが、残念ながら現実はそうではありません。

しかし、そこが「誰でもメディア」にとってチャンスなのです。あるいは、すばらしいコンテンツをただ死蔵させているだけの出版社の皆さん、それをウェブで換金化しましょう。

必要な情報はウェブメディアの母

わたしは常々考えますが、ニッチな分野ほどビジネスモデルも多岐にわたるのではないかと思います。

たとえば、多くのウェブ雑誌は広告主頼みです。しかし、自らオリジナルの商品が仕入れられたり、メーカーとダブルネームで協業できるなら、それらの販売収入が見込めるでしょう。枻出版が立ち上げた「サイドリバー」というサイトでは、同社が発行する雑誌とメーカーが共同で作ったオリジナル商品を販売しています。

また、幅広いネットワークを活用すれば、そのメディアに訪れたユーザーに適切な専門店を紹介し、もしそこでユーザーが商品を購入した場合、マージンが落ちる仕組みなど考えられるでしょう。あるいはコミュニティを保有しているなら、マーケティングやリサーチ、またリアルなイベントを開催し、そこで収益化をはかることも考えられます。

卑近な例で恐縮ですが、わたしが経営する会社のグループ会社、メディアジーンでは女性向けのポータルサイト「MYLOHAS（マイロハス）」を運営していますが、銀座の阪急百貨店とタイアップして、毎年ロハスショップという売り場をプ

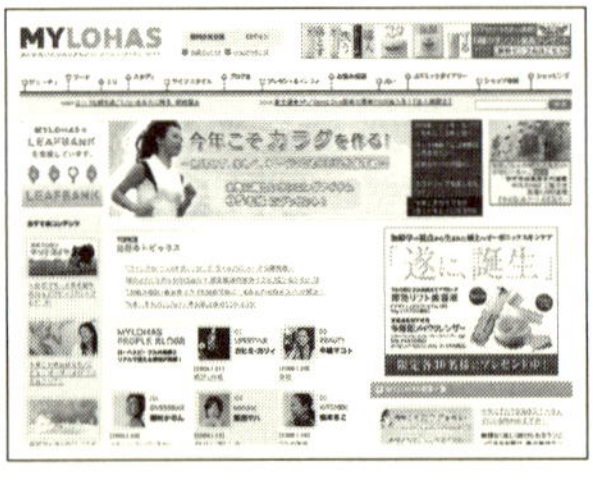

MYLOHAS
http://www.mylohas.net/

ロデュースしています。阪急百貨店にマイローハスが厳選したショップの商品を取り扱う特設コーナーが設けられ、一定期間、販売されます。また、有名ホテルとタイアップして、オリジナルの宿泊プランをつくるなど、換金化の手法はさまざまです。

本書の冒頭にも書きましたが、極論すれば、インターネットは情報が商材なのです。どんなビジネスをしているのかは関係なく、換金化手段の違いであり、人々の関心を集めるのはあくまで情報なのです。ですから、情報の見せ方や並べ方、他サイトへの導線の作り方など、メディア企業や小売店、卸屋さんでもやるべきことは同じなのです。

だから、扱うコンテンツごとに換金化の手法は異なるため、「これがいい！」といった事例を挙げるということは難しいのです。また、よく講演で、「どうやったらネットで儲かるのか教えてくれ」という質問を投げられることがありますが、それはビジネスの根幹であり、質問者は気軽に尋ねたつもりでしょうが、漠然と他人に「どんなビジネスをしたほうがいいか」と教えを乞うのは珍妙な話かと思われます。それは、世界地図を広げて「どこに行けばいいのか？」と尋ねているようなものでしょう。

わたしのアドバイスは、シンプルです。そして、それこそが極めて重要だと考えます。「必要は発明の母」という言葉のように、「必要な情報は、ウェブメディアの母」なのです。その「必要」がわからないうちは、ユーザーの気持ちや行動がわからないことと同義なので、仮に答えをわたしから聞き出せたとしても、事業としてうまく軌道に乗せることは難しいのではないでしょうか。教えるだけ無駄だし、タダで聞き出せる話には限界がありますよ（笑）。

Lecture 25

米国出版社のアプローチにみるウェブメディア（その1）――トレンドの波は3年周期に

米英ではだいぶ前にインターネットへの広告出稿が雑誌へのそれよりも上回りました。そして、日本でもついに2007年にインターネット広告費の総額が6003億円規模となり、4585億円の雑誌広告費を追い抜きました（電通調べ）。英国では、さらに2008年にはテレビへの広告費をインターネット広告費が抜くとの予想が現実味を帯びています。

では、米国の出版社はどのように、この状況に対処してきたのでしょうか。

わたしが見てきた米国のウェブ出版について、雑駁ではありますが、大まかに振り返ってみましょう。

米国のオンラインメディア隆盛史

まず、1994年、このときはまだネットはニッチなメディアでした。出版社はネットを意識こそすれ、ほぼ影響力をもつに至らないと高をくくっていたのではないでしょうか。米国で初めてインターネットによる社会へのインパクトをジャーナリスティックに報じた雑誌「WIRED（ワイアード）」が創刊されたのが93年、その後同社は「HotWired」という初の本格的ウェブマガジンを立ち上げ、Inktomiという検索エンジンを開発したり、世界で初めての広告収入で運営するコラムを連載するなど、インターネット黎明期のラボと化していました（このHotWiredの後日談については後述します）。わたしがそんな「WIRED」の日本版を立ち上げたのは1994年。日本人のインターネット・ユーザーが当時およそ4万数千人といわれていたときです。その頃、頻繁にアメリカと日本を行き来し、どんどん変わりゆくウェブメディアの状況をつぶさに観察もできました。なにしろ、その頃まだヤフー！は手動で人間がリンク集を作成していたほどですから。

当時には、アムステルダムにある美術館がウェブ上で所蔵の絵画を公開しましたが、わたしの自宅のＩＳＤＮ回線（機器が高額だったので、一般家庭ではまだ普及していなかったと思います）では、表示が10分以上かかりました。その頃は容易にウェブ上のコンテンツが把握できる状況でしたが、ある時期から人間が追える臨界点を超え始めました。

この頃に、現在はネット上のブランドとなったジャーナリズムに関するニュース・オピニオンサイト「Salon」と「Slate」が登場しています。

そして、98年、サンフランシスコのベンチャー企業から産声をあげた雑誌「WIRED」は、「ヴォーグ」などのファッション誌を発行することで有名な超一流ブランド出版社のコンデナストに売却されます。

99年頃には、インターネット・バブルの波が押し寄せ、あらゆる既存メディアがウェブメディアに投資を行います。

有名なところでは、タイム・ワーナー社が独自のポータルサイト「パスファインダー（PathFinder）」を立ち上げました。パスファインダーは、タイム社が刊行する雑誌すべてのウェブ版を集約したメガ・ポータルサイトでしたが、どうやら失敗に終わったようです。そして、さらにタイム・ワーナーは、AOLとの史上最大の失敗と後年に呼ばれる合併を行い、手痛い大損を被ります。

ウェブメディア冬の時代から復活へ

さて、2000年以降、ウェブメディア冬の時代となり、しばらくは紙媒体にも飛び火し、IT系ニュースを扱うことで話題になった昇り龍のような「インダストリー・スタンダード」という週刊誌が休刊したり、前出の「WIRED」などは、一時期はファッション誌並みに分厚かった雑誌の束が、薄くなりました。企業による出稿がストップしたからです。

そして、2003年から次第にウェブ上のメディアは復活の兆しを見せます。新聞・雑誌社が加盟する「OPA」(Online Publisher's Association)の発表によれば、オンライン広告収入は2003年の第一四半期で前年比37%アップとなっています。有料コンテンツやライセンス収入など、広告収益以外も40%の伸びをみせ、大手のジフデイビス・オンラインの広告は87%増、同名のビジネス雑誌をもつフォーブス・コムでは売り上げが連続3期の上昇を見せます。

そして、その後にヤフー!が出版社などマスメディアに色目を使い始め、コンテンツを取り込むことで、広告を挿入するというサービス「パブリッシャーズ・ネットワーク」を発表しました。

また、本書でも再三話題にしてきた米国ギズモードやBOING BOINGなどの人気ブログが頭角を現し始めるのも2003年以降です。

2005年には、再びバブルが復活の兆しを見せます。

たとえば、ルパート・マードック氏率いるニューズ・コーポレーションがSNSの「マイスペース（MySpace）」を買収するなど活発な動きを見せます。そして、ワシントンポストがずっとMSNのお荷物と化していた前述のSlateを買収。2006年にはやっと黒字に転じます。また、この頃、日本の「オールアバウト」の原型でもある「About.com」は、ワシントンポストの子会社であるニューズウィークに買収されました。

2006年以降は、大手出版社が続々ウェブマガジンを立ち上げるといった流れになるわけです。米国のABCが放映するお茶の間ニュースショー「グッドモーニング・アメリカ」などでインターネットについての話題が取り上げられるようになってから、実におよそ7年が経過しています。インターネット先進国の米国ですら数年以上の時間が必要だったわけですから、日本ではその1・5倍か2倍は必要かもしれません。

興味深いことに、2000年の落ち込み後、ウェブメディアに関するビジネスは3年後には息を吹き返し、2005年前後からは「ウェブ2・0」バブルがスタートします。これらを鑑みると、ウェブの経済トレンドはおよそ3年ごとに好調と低迷を繰り返しているように見えます。しかし、多くのサイトやサービスは低迷時でも従前よりは読者数を増やしているため、基本的にはメディアパワーが低減したのではなく、企業による広告出稿の差し止めによる打撃こそがもっとも大きいのでしょう。

無論、いつかはその成長が鈍化するでしょうし、全体のパイが一定ならばどこかのサイトのトラフィックが減って、どこかのサイトに引っ付いただけかもしれません。しかし、技術革新のフローが高いことがウェブの特徴でもあるため、まだこの先にも希望はあると信じたいものです。そして、3年おきのサイクルが続くならば、経済状況が最悪のいまこそ、次のチャンスは3年後に再来するかもしれません。悲嘆ばかりではありません。現在こそ、次の勝者が準備を開始する時期なのです。「誰でもメディア」はコントラリアン（逆張り——相場の一般的な状況とは逆の売り・買いを行う人）こそ勝利をもぎとるのです。大衆と同じ思惑で動くのはマスメディアに任せましょう。「誰でもメディア」こそ、荒野を目指し、ワイルドサイドを歩くのですから。

Lecture 26 米国出版社のアプローチにみるウェブメディア（その2）――取り組みのバリエーション

さて、米国の出版社がどのようにウェブメディアに取り組んできたのか、ここでも大雑把ではありますが、わたしなりにまとめてみたいと思います。大きく分けて、既存出版社のウェブへの取り組みは、いくつかのバリエーションに集約されると思います。

サイドビジネス派

わたしが見るところ、多くの既存出版社のウェブ戦略は、「サイドビジネス派」

に数えられます。それはどういうことかと言えば、〝雑誌のオマケ〟としてウェブサイトを立ち上げるパターンでしょうか。しかし、米国をみると、近年はオマケの域を超えて、ウェブマガジンとしても充実をみせています。

たとえば、タイム・ワーナー傘下の世界最大規模の出版社タイム・インクは、同社が刊行する「ピープル」「タイム」「エンターテインメント・ウィークリー」のウェブサイトを運営していますが、独自コンテンツはもちろんのこと、画像や動画によるコンテンツの充実をはかっています。一時期、撤退していた金融系情報サイトの「CNNMONEY.COM」も復活させている一方で、最近では深刻な苦境に見舞われ、いくつかの雑誌とそのスタッフを売却しました。

タイム・インクが保有する先進的なビジネス情報誌だった「Business2.0」を紙媒体のみならず、同名のサイトまで閉じてしまうなど（その判断が適切なのかはわかりませんが）、少なくとも個人が立ち上げた「Business2.0」と同ジャンルのブログ「TechCrunch」がその業界では短期間に成功をおさめたのとは対照的です。上場企業であればなおさら、株主たちの要求により、未来の当たり馬券ですら処分しなくてはならないということでしょう。

また、刊行されている紙媒体にひもづかない独自のウェブマガジンとして、鳴り物入りでスタートした「Office Pirates」ですが、こちらはどうやら失敗に終わったようで、サイト自体がすでに見当たりません。

どうも、タイム・インクほどの超大手出版社ともなると、既存のブランド力あるメディアと同名のサイトを構築するほうが得意のようです。

また、アシェット・フィリパッキ・メディアUSは、紙媒体のティーン雑誌「ELLE girl」を休刊させ、ウェブマガジンのみ残すことで話題になりました（日本版も存在しています）。しかし、フランス風ゴシップ雑誌を目指した「Shock magazine」は低迷のため廃刊。同時に立ち上げた動画や画像をふんだんに使ったウェブマガジンも閉鎖しました。

顧客情報活用派

日本でいえば、ベネッセやリクルートに近いタイプのメディア企業がこのジャンルです。米国では顧客情報を活用し、大きな利益を生んでいる出版社が存在します。どうやら、ウェブメディアという集客装置はそのような顧客情報活用派と相性がいいようで、別章でも触れたメレディス・インタラクティブ社はウェブへの取り組みも早く、大成功をおさめた好例かもしれません。

同社は1000万人のユニークユーザーを抱え、月間1億ページビュー以上を誇っています。同社のウェブマガジンは、女性ユーザー向けが多いのですが、テーマを細分化させ、同じ女性でも健康、妊婦向け、主婦向け、ワーキングウーマン向けなど多様なライフスタイルに分けて、情報を提供しているのが特徴的です。

メレディス・インタラクティブは紙媒体で獲得した読者の顧客情報を有効に活用することで、ウェブマガジンを成功させました。ある意味、このような「顧客情報活用派」とは、わたしがいうところの「コンテンツ以外の換金化手段」を模索する、情報を商材とした商社的志向の強い出版社による〝進化〟だと思っています。

90年代の欧米における出版不況を救ったのはカスタム・マガジンと言われますが、今日の先進的なカスタム・マガジンは、顧客データベースにひもづいた配送までを含みます。そのように、ただコンテンツのみをつくるのではなく、それを求めるユーザーグループのリストを抱えていることが強力な武器となりえるわけです。

パートナー協業派

このグループは、自分たちが得意でない領域は得意な企業に任せて、共に協業するというスタイルを採用しています。たとえば、ハースト社はかつて米国MSNと提携し、そこで自社刊行の媒体からコンテンツを提供していました。日本でもサンケイグループとMSNの提携など、互いが得意な分野を組み合わせて、ひとつの事業モデルを構築しています。これも出版社の典型的な取り組み例として掲げられるでしょう。

現在では英国にハーストデジタルというデジタルメディア専業の会社があり（この会社は別資本の英国出版社が設立）、やはりこちらもパートナーシップによって、ウェブメディア展開を行っています。ハーストデジタル社のサイトによれば、4000万人の女性ユーザーを抱え、4000万ページビューを数えるようです。

ところで、このハースト社ですが、当初はパートナー協業派でしたが、最近では後述する本格派としてライバルのコンデナストに勝るとも劣らぬ勢いでウェブメディアの地盤を固めています。

すべての雑誌へのポータルサイトとなっているのが、米ハーストコミュニケーションが運営する「30Days of fashion」という動画やブログを含む本格的な会員制ウェブサイトです。

ユニークなのは、30日にわたるメイクのコツを伝授するコンテンツや毎日ブランド品が当たるというプレゼント・コーナーなど、思わず登録してしまう女性も多いのではないでしょうか。同サイトの立ち上げには100万ドルを費やしたそうです（わたし的には投資に見合うだけの成功を納めているとは思えませんが）。

本格派（正常進化派？）

わたしがもっとも感心するのは、ハースト社の投資部門です。ハースト・インタラクティブといって、もともとNBCに在籍していたケネス・ブロンフィン氏（Kenneth A. Bronfin）を社長に据え、次世代メディアにおける戦略的な投資を積極的に展開しています。

これから進むべき道に明るい人物をトップに据えて采配をふるわせるあたり、米出版社はそれぞれ複合的なメディア企業体である証左ではありますが、ハースト社のようなやり方は突出しているのではないでしょうか。

ハースト・インタラクティブの投資先をみると、ブロンフィン氏の先見性が窺えます。たとえば、ユーザーが好んで聴く音楽の傾向を登録したデータベースをつくり、お好みの曲を推薦するエンジンをもつパンドラや、一時期、話題となった衛星デジタルラジオのＸＭサテライト・ラジオ（ナスダックに上場済み・現在、破産寸前）、また女性向けサイトのiVillage（ＮＢＣが買収）など、まるでシリコンバレー系ベンチャーキャピタルのようなポートフォリオに見えます。

さて、前述したハースト社はもともと紙の時代から、コンデナスト社というライバルとペアで語られることが多々あります。この2社は編集スタッフの引き抜き合戦を繰り広げるなど、互いを強く意識しあう世界的にも有力な〝毛並みの良い〟出版社です。

特にコンデナスト社は、その当初からウェブメディアへのアプローチは独自の指向性を見せていました。

前にも述べましたが、同社はインターネット上で黎明期より本格的なオピニオン雑誌として名を馳せた「WIRED」を買収。そして、その後、同社の別会社で「HotWired」などを筆頭に実験的なメディアを多々立ち上げてきたWIRED

DIGITAL社を紆余曲折の末に買収しました。紆余曲折というのは、そもそもWIRED DIGITALは検索エンジンを軸にしたポータルサイトのLycosに買収され、その後Lycos自体がスペインの通信会社に買収されと……オーナーシップが転々としていたためです。2006年に、晴れて（?）紙だけではないWIREDをも手に入れたコンデナストは、その後、WIRED DIGITALを使って、ウェブ2・0系のソーシャル・ニュースサイトの「Reddit」や技術系情報サイトとして老舗の「Ars Technica」を買収しています。その目の付けどころが渋く、まるでウェブメディア専業企業のようなポートフォリオです。ハーストが投資のみのスタンスである一方、コンデナストの場合、買収後も自らのメディア帝国の一員として育成しているような印象をもちます。

さらに、同社はもともと、単純に同名雑誌のオマケサイトを立ち上げるといった方法とは異なるやり方を示してきた点が特徴的です。

たとえば、同社が刊行するグルメ雑誌「ボナペティ」と「グルメ」は、それぞれのサイトをもっていますが、それらを合体させてウェブ・ユーザー向けに特化させたようなサイト、「エピキュリアス」を運営しています。同サイトでは9万種類のレシピやレストラン・ガイドを載せ、ウェブ界のアカデミー賞といわれる「ウェビー・アワード」を6回も受賞しています。なによりも凄いのは、この取り組みをまだネットユーザーが少なかった頃の1995年から開始していたということでしょうか。

同様に、コンデナスト社は世界的に有名な旅行情報誌「コンデナスト・トラベラー」を刊行していますが、こちらも別途、優れた検索機能を備えた旅行情報系ポータルサイトの「コンシェルジェ・コム」を運用しています。

また、ブライダル情報誌をまとめた「ブライズ・コム」、有名な「ヴォーグ」と「W」をまとめた「スタイル・コム」などといったように、既存ブランドの活用とは別に、既存コンテンツを活用しつつも、テーマ切りのウェブマガジンを立ち上げている点も見逃せません。このような取り組みを早くから行ってきたコンデナストだからこそ、ウェブに対する知見がかなり養われたのではないかと思えます。

ただし、ブライダル情報サイトという括りになった場合、ナスダックに上場しているウェディング情報サイトと紙の雑誌を刊行する「The Knot」のように、全米で1位のシェアをもち、320万人の挙式を控えたユーザー数を抱えた専業メディアとの競合になってきます。

複合型メディア企業が新たなブランドをウェブ上で構築する際、専業企業との競合に打ち勝つためには、既存媒体を刊行していることが、かなりのアドバンテージになります。ただし、既存の紙媒体のほうが有名であればあるほど、そこにあぐらをかいてしまい、激しいウェブ上での競争が疎かになりがちだというリスクも孕んでいるので、どのアプローチが正しいのかは悩ましいところです。コンデナストの場合、独自の道を模索しながら専業企業も買収している点が興味深いところです。

買収派（カづく進化派）

これはコンデナストやほかのメディア企業も包括されますが、とにかく、カネにモノをいわせて買ってしまい、自身はホールディング・カンパニーやベンチャーキャピタルよろしく、その媒体を本体グループのすでに保有しているポートフォリオと交配し、認知を上げたり、活用していく方法論です。

メディア王、ルパート・マードック氏率いるニューズ・コーポレーションは、こちらの陣営に含まれるでしょう。日本の出版社の場合、多くが同族経営のため、株主のプレッシャーも少ないでしょうから、編集長の引き抜きはあっても、メディアを丸ごと買い取るというのは、あまり好みではないようで、「純血主義」を貫く企業が多いようです。

しかし、昨今ではインターナショナル・ラグジュアリー・メディア(セブンシーズやバザールなどの雑誌を刊行)のような企業も存在し、創業者の出自が違うと、メディアもゼロから育てるよりは、買ってくる、という時代に突入しつつあるようです。ウェブメディアの場合、メディアという資産についてくる人間の数が少ないため、買収や売却は紙媒体より容易です。今後、景気が回復してくれば、新興ウェブメディア企業のエグジットとして、メディア運営のノウハウをもたない企業への売却というのは十分に「アリ」ではないでしょうか。

わたしもゼロベースから多くのメディアを立ち上げてきましたが、やはり最初は苦しいことばかりです。そこを換金化するビジネスが成立するのは、メディアが発展する意味でも歓迎すべきことだと考えていますが、日本の出版人の多くは精神論的に、「自分が育てたメディアを他人に売るなんて」という抵抗があるようで、このような考え方は決して一般的ではありません。

一方、これからの時代、「リスクを厭わずに立ち上げる人」「自分では立ち上げられないけれど、メディアに関わったり、お金儲けが好きな人」が分業してもいいような気がします。もちろん、一生をかけてそのメディアをつくり続けることは尊いことだと思いますが、人から人に手渡して、メディアを長生きさせていくということも、育てたメディアの「不死」を願う気持ちの顕われではないでしょうか。

たとえば、わたしがかかわった米WIREDは、初代編集人のルイス・ロゼットという希有な才能をもった人間の存在抜きでは語れませんし、またケビン・ケリーやジョン・バテールという優れた編集者たちが集結していました。しかし、売却後、クリス・アンダーセン（「ロング・テール」理論の考案者）というすばらしい才人を編集長に抱き、同誌は新しい時代をいまも切り開いています。また、ケビン・ケリーは自身の書物を上梓し、ジョン・バテールもウェブ2・0系メディアのリーダーとして才能を発揮、自著の『ザ・サーチ』（日本では日経BP社刊）もベストセラーとなるなど、これまでのキャリアを活かしてさらに新たな仕事で注目されているため、才能が循環するエコシステムが構築されていることも見逃せません。ひいては、どちらが出版界にとって貢献しているのか比較はできませんが、どちらかが劣っているとも、わたしには決めつけられないのです。

Lecture 27 「誰でもメディア」時代のジャーナリズム

さて、これまでに述べてきたことは、もし、あなたがベテランの編集者や出版人であれば、「出版とはこうあらねばならない」という規範のなかで、受け入れ難いことばかりだったかもしれません。

しかし、あなたがいつか自分もメディアビジネスを立ち上げたいと願うインターネット・ユーザーならば、思うところがあったかもしれません。

この本では、あくまでメディアの変容とビジネスの話をしてきたつもりです。ですので、ジャーナリズムの未来ということを考察してきたわけではありません。しかし、ジャーナリズムの未来がウェブメディアでも体現できるか否かという問いであれば、わたしはできると思っています。ただし、そのためにいまのような巨大組織が運営する必要があるのか？という問いに対してはまだ懐疑的なのですが……。

数千人規模で人が必要なメディアが、今後もその規模を維持できるかどうかは、経営課題における範疇かと思われます。しかし、わたしがよく呼ばれる新聞社などの講演では、必ず「ネットは嘘ばかりだ。わたしたちのようなプロがこれからも必要である」という主張を耳にしますが、プロはこれからも必要であることは、プロであるわたしも知っています。しかし、ジャーナリズムをまっとうするために、その巨大組織が必要だ、という理論にはどこかひっかかりがあるわけです。

将来のプロフェッショナルを育てる視点を

イラク戦争時には多くのフリー・ジャーナリストたちがブログを拠点に活動してきました。後述しますが、米国ではブログで取材費を集めて、取材を敢行したジャーナリストもいます。そして、優れた書き手が新聞や雑誌をスキップして、自らメディアを立ち上げるケースもあります。つまり、お金儲けではなく、ジャーナリズムの実現を求めているのなら、多様な方法論が用意されているわけです。

米国の著名コラムニスト、クリス・ノーラン氏は自身とそのほかのコラムニストたちと共に、「Spot-on」を立ち上げました。また、ネット上でオピニオンを発信するブロガーやライターたちが集まってつくった「Pajamas Media」などがあり、良質なジャーナリズムを目指すウェブメディアは数多いと思います。Pajamas Media は、「ブロガーなんて、パジャマを着た連中の集まりだ」という素人ライターへの蔑称をそのまま命名しています。

　無論、その道のりは簡単なものではありません。ブログのイベントなどでは市民ジャーナリズムのワークショップなどが開催されています。また、個人メディアにはリソース（情報源）についての信憑性やコンフリクツ・オブ・インタレスト（利益相反）の問題が疑問視されることが多々あります。しかし、これについてはマスメディアも同様であり、特にウェブメディアにおけるリンクジャーナリズム（信頼できるいくつかの情報源の情報をもとにだけ記載された、いわば二次報道）はその端緒についたばかりです。

　リンクジャーナリズムは信頼だけがそのすべてですから、ウェブ上の信頼できる情報サイトを目指す場合、最近では情報源を細かに示したり、disclosure（開示）という一文を添え、利益相反の嫌疑がかけられそうなところは、「この記事には、こういうバイアスが働いているように見えるかもしれない。理由はこうだよ」

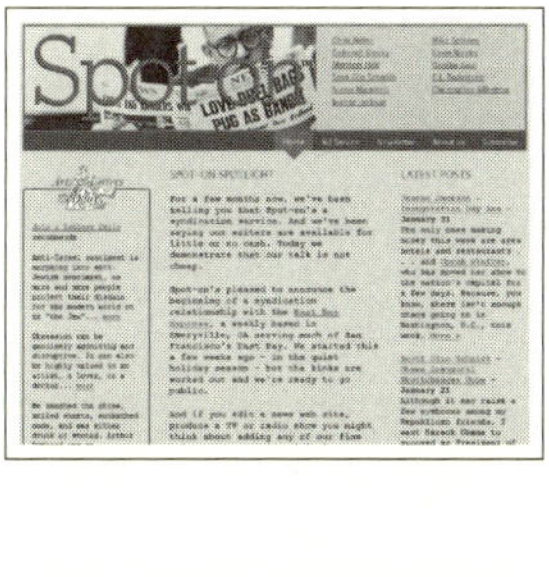

Spot-on
http://www.spot-on.com/

Pajamas Media
http://pajamasmedia.com/

と明記するようになっています。また、米では優れたウェブ上のジャーナリズムに対して、賞をあげようとonline journalism awardsが創設されています。

ネットは玉石混交ですが、そこから、いかにして玉を磨き上げるかということにも着目し、調査報道やオピニオン系を志向する人々を将来のプロフェッショナルに育てることに投資するほうが「ジャーナリズムの未来」を考えたときには建設的ではないでしょうか。もともと、いまの巨大新聞社も創業時の話を聞けば、うさんくささもつきまとうものだったわけでしょう。現在も記者と広報とのつきあいにおいて、恫喝まがいなことを記者から言われたという話も耳にします。そして、そのような風評や世間の目を変えようと、先人たちが努力した結果に今日のブランドネームがあるのだと思います。当然のことながら、最初からすべてを兼ね備えているものなどないのです。

マスメディアの経営はもっと効率化できる

プロフェッショナルがウェブメディアの信憑性を論議する際、どうしても、ネットは性悪説で語られがちです。匿名掲示板やブログは最低である、という論理です。しかし、つぶさに観察すれば、そのなかには「高度に専門的かつ建設的な良い議論も少なからずあるが、破壊的かつ印象や誤ったソース（情報源）を引いた低能な議論が数多くある」ということです。また、参加人数が多くなるほど、質の水位が低くなるのは公共トイレの使用状態と同様、いたしかたないところがあるかもしれません。また、冷静な意見は多数の感情的意見の前では、圧殺されがちです。

そういうなかで投稿し放題、書き放題、といったものをビジネスとして成立させようとするのは難しいことです。やはり、同一のアイデンティティで（筆者はハンドルネームでも構わないと思います。筆名がそうであるように）継続して運営していることが大切であり、もし間違えたときに（人間は間違える生き物なので）、訂正や謝罪をする、という基本的な原則と、社会においてどういう影響力を保持するのか、そのグランドデザインも必要になってくると思います。

日本の新聞の場合、わたしは記者の顔が見えないのはいかがなものかと常々思っています。よく匿名掲示板を論難する声がプロの記者より聞こえますが、新聞社も大企業という匿名性のなかに閉じこもることなく、名前を出して責任をもって記事を掲載すべきだと考えています。

米国のニュースサイト上で記者は、プロフィールと顔写真、そしてメールアドレスを備えてクレジットされているケースが少なくありません。そして、なによりも、もしジャーナリズムの可能性を広げたいのであれば、記者クラブ【＊1】のような制度についても考え直すべきかと思います。

マスメディアがジャーナリズムの未来を憂うとき、自分たちの給与についての心配が重なるというコンフリクツ・オブ・インタレストが起きるのは仕方ないとして、「未来の新聞」を予見するときに、現状の新聞社やテレビ局のモデルをそのままなぞるのはいかがなものかと思われます。

むしろ、ＩＴ化により「新聞社の経営」はもっと効率化できるのではないか、といった問題がセットで語られなくてはなりません。健全なジャーナリズムを目指す場合、おカネやビジネスモデルの話も重要な要素のはずですが、既存企業の枠組みを肯定したまま、その枠のなかのジャーナリズム論のみを展開しても、いつまで経っても出口が見えてこない気もします。

【＊1】記者クラブ
各省庁や業界団体に設けられた取材の互助会的存在。明確な定義はなく、法的な機関でもない。そこに加盟していない報道機関、および記者は取材することができない。新規の加盟は事実上、不可能である。「報道の自由」が保証されているにもかかわらず、寡占的に特定メディア企業のみしか取材ができない同制度を問題視する声は絶えない。

ウェブメディアと既存マスコミとの連携も

話が少し逸れてしまいましたが、ウェブメディアでもジャーナリズムが体現できるかどうかは、その道のオーソリティとなりつつある「Salon」「Slate」がロールモデルとなりえるかもしれません。

Salonは２０００年のネットバブル時にもちあげられすぎたきらいもありますが、もともとサンフランシスコ・エグザミナーの編集者が立ち上げたウェブ・ニュースメディアの老舗です。Slateは、現在、ワシントンポストが買収し、マスメディアの一員となりましたが、その存在感は英ＢＢＣなどと並んで、先に挙げたonline journalism awardsを受賞するなど、ウェブ上のオピニオン・リーダーとしての存在感を示してきました。

昨年には、「Politico」という政治専門のニュースサイトが話題を集めました。発起人は元ワシントンポストの記者であり、ほかにもプロの記者と共に立ち上げられたサイトですが、すでに２００８年の米大統領選報道で注目を集めたようです。ビジネスモデルについては詳らかにされていませんが、今後は、このPoliticoのようなかたちで、特定分野に強いプロが集まったウェブメディアが既存マスコ

Politico
http://www.politico.com/

ミと連携するような場面が増えていくのではないでしょうか。

一方、情報の取得には大量の人数を雇用し続ける必要があるという議論がありますが、こちらに一言。米ではすでにニュージャージー、メイン州、オハイオ州の地方紙が通信社をスキップし、同じエリアの地方紙同士が記事を共有することで、通信社から記事を買わずに、そのコストを下げるということを始めています。

また、世界的に有名な通信社であるＡＰ通信は、ネット上で記事配信ができるAP Exchange というオンライン上のプレスルームを開設するなど、より多くのメディアが簡単に利用できるような方向を目指しています（個人のわたしが使えるような価額ではないと思いますが）。ＡＰは、ＩＰ-ＴＶ向けにも動画のニュース配信をサイト上で行っています。また、２００３年にはＡＰのデジタル部門である AP Digital がＲＯＯというビデオ・プラットフォームに投資をするなど（現在、同サイトは他社に事業委譲された模様）、オンライン上での動画配信について積極的な投資を行ってきましたが、わが国の通信社はどうでしょうか。

ＡＰの記事配信における価額はともかく、このようなウェブを媒介としたネットワーク・システムは、実はリンクジャーナリズムに有効ではないかとわたしは考えています。つまり、ネットを駆使すれば、各国に支局をおかずとも、従前よ

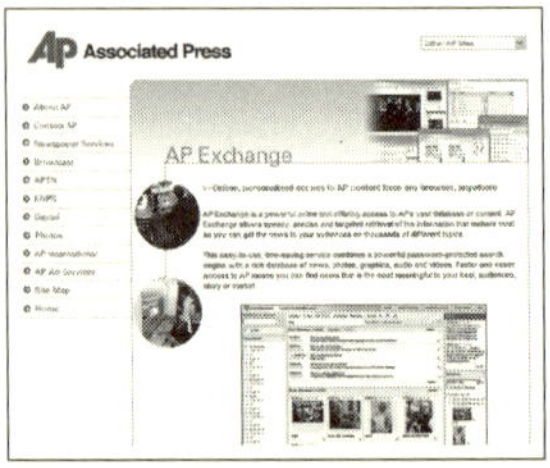

AP Exchange
http://www.ap.org/apexchange/

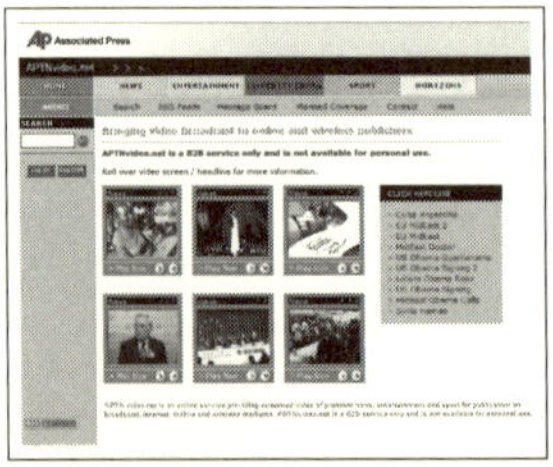

APTNvideo.net
http://www.aptnvideo.net/

りも低コストでネットワークを構築できるだろうと考えています。次世代のCNNは、実はIP-TVによる各国の独立したジャーナリストをつなぐことで実現できるような予感がしています。リンクジャーナリズム向けの専門通信社は、次代のジャーナリズムにおけるブレークスルーになりえると思いますが、そのような試みがすでに散見されます。「Publish2」という名のリンクジャーナリズム向けのリソースを目指して立ち上げられたサイトがそうです。

ジャーナリズムのオープンソース化

さらに、ネットをまったく無視して成功している紙の新聞が米ニュージャージー州にあります。その名は「triCity News」。これは毎週一回だけ刊行される週刊紙ですが、１９９９年の発刊から年率10％ずつの部数増を続け、現在は毎週８５００部の配布部数とのこと。無論、小さな規模ですから、同新聞社には数名程度のスタッフしかいません。このtriCity Newsが特異なのは、ネットにまったくコンテンツを載せずに紙だけで健闘している点でしょうか。しかし、成功の事

Publish2
http://www.publish2.com/

由として、ネットに進出していないというだけではなく、やはり、（1）独自の編集方針や記事内容、（2）ローカル紙ならではの、現地コミュニティとの強力な結びつき、といった点で他メディアと差別化がなされているはずです。

現在は一般的なニュースはグーグルニュースやヤフー！などのポータルサイトやモバイルサイトで読むことができます。あえて、新聞社のサイトに行く理由が特に見当たらず、フローの高い情報は、ネット上においてその価値が逓減する方向にあるようです。いかにして「価値を築くのか」ということは、「なぜこの新聞でなければならないのか」という、自身のレーゾン・デートル（存在理由）を問うことになります。新聞社に限りませんが、そのあたりが曖昧なものは、メディア自体の存在価値がもともとデフレ傾向にあるウェブ上において生き残ることが難しいかもしれません。

もうひとつ。新聞社の方とお話をしていると、「ジャーナリズムを体現するのは自分たちだけだ」という矜持をおもちの方が大勢いらっしゃいます。それは頼もしく、公器として備えなければならない美徳に感じます。しかし、「未来のジャーナリズム」という話題になると、巨大化しすぎたメディア企業としての新聞社をどう維持するのかという経営戦略的な側面も議論せねばなりません。繰り返しになりますが、このあたりがごちゃ混ぜになって議論されがちです。「ジャーナリズムを体現できるのは自分たちだけである」イコール、「いまの規模を維持できる収益をネットでも上げていく」ということにはならないと、わたしは考えます。

つまり、なにが言いたいのかといえば、純粋にジャーナリズムの体現だけを目的とするのならば、NPOなどの組織でもかまわないかもしれません。また、記事や情報は、オープンソース化【＊2】したほうが世のため、人のためになるでしょう。むしろ、特定の機関や組織から広告を取るほうが、ジャーナリズムとしての気概にとってはマイナスな気もします。しかし、そうはいっても、ある程度の余裕資金がなければ客観性が担保できない恐れもあり、この問題は個人、組織を問わず、古今東西から多くのジャーナリストたちを悩ませてきた課題ではあるのですが。

クラウドファンディングによるジャーナリズム

ひとつ、面白い試みとして「クラウドファンディング」というものについて書いておきます。

【＊2】オープンソース
もともとはソフトウェアの開発において、著作者の権利を守りつつも、そのプログラムの情報を開示し、誰にでも改変や使用が認められた概念である。ここでは同様に、記事の著作者と著作権を尊重しつつ、取材した情報を無料かつ、公的に第三者に対して開示することを指す。著作権を尊重しつつ、自らの知的財産を公開する仕組みについては、「クリエイティブコモンズ」といったライセンシングの方法が提唱されているので、参照していただきたい。
クリエイティブコモンズ・ジャパン　http://www.creativecommons.jp/

米の「Spot.us」というサイトは、「この記事を取材したい」といった個人が、その取材構想を掲載し、それに対してネット上のユーザーから寄付を募るというものです。そして、希望額に達したら、取材者は記事を執筆し、それをオープンソースとして公開します。たとえば、同サイトは2008年のサンフランシスコ市議選で、候補者たちの公共広告についてファクトチェック（事実確認）を行うなど、その活動が認知されつつあります。ある記事が一般メディアに「独占的」に買われた場合、寄付金は返済されます。

Spot.usに掲載されている記事を読むと、記事の隣に、誰が寄付をしたのかそのスポンサー一覧リストが表示されます。これは、まさに「社会の公器」として、市民がフリーランスのプロフェッショナルな記者を雇う、といった「市民の市民による市民のためのメディア」として多大なる注目を集めています。

かつて、イラク戦争時に米のジャーナリスト、クリストファー・アルブリトン氏（Christopher Allbritton）が自身のブログ「バック・トゥ・イラク」（www.back-to-iraq.com）でイラク取材の募金を募り、集まった資金でイラク取材を行ったことが話題になりましたが、Spot.usはそれを押し進めたかたちでジャーナリズムの未来を切り拓こうとしているのではないでしょうか。

Spot.us
http://spot.us/

バック・トゥ・イラク
http://www.back-to-iraq.com/

貧困に苦しむ海外の起業家に国外の投資家たちが少額ずつ投資する行為をマイクロファンディングといいますが、ネットがあるから可能になったこの手法をジャーナリズムにもあてはめたクラウドファンディングは、はたして新聞社などにとっても福音となるのでしょうか。

わたし自身は、この手法は地域と密着したかたちなどで有効だと考えています。今後、ジャーナリズムの世界も、ハイパーローカル（超地域密着型）か、パーソナライゼーション（個人の嗜好にあわせて記事の取材を依頼したり、もともとある記事より自分の読みたいものだけが選べるなど）のいずれか、もしくは双方を兼ね備えたものに分があるだろうと考えます。

さらに最近には、ブロガーに記事を書いてもらい、それを紙の新聞として発行するという新しい地域密着型のフリーペーパーが登場しました。米国のThe Printed Blogです。この企業は、まずシカゴ密着型の少部数紙を隔日で刊行、その後、地域を広げていくとのことです。同サイトによればすでに300名のブロガーと契約したようで、情報入手のコストを下げての挑戦となります。

そうなると、国民全員が知っておいたほうがいいニュースを集約するメディアに加え、専門性、もしくは地域性が高いニュースを提供する新聞社といった二つ

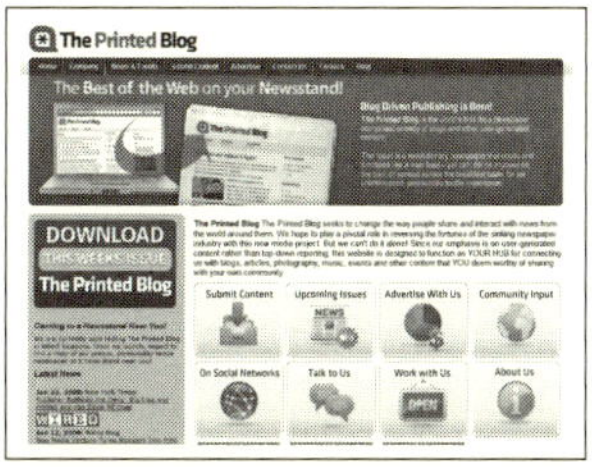

The Printed Blog
http://theprintedblog.com/index.php/

の流れに分離するかもしれません。そもそも、なぜ新聞紙を丸ごと読まなければならないのか、という疑問は、デジタルになって顕在化してきました。それは、興味ある記事だけのバラ買い（買わずともタダで読めてしまいますが）でもいいのではないか、ということです。ノンパッケージが当たり前のネット上で、パッケージした新聞を売っていこうというビジネスを貫くには何をしたらいいのでしょうか。

そのビジョンと施策を描くのは、ウェブ担当者には荷が重く、また、自由裁量の権限も与えられていないことでしょう。それゆえ、最高経営責任者が判断すべきだとわたしは考えます。そして、単にビジョンを訓示のような「ふわふわ」した言葉で伝えるのではなく、そのビジョンを徹底するために、どんなイノベーションと経営判断が必要なのか選択と集中をすべきです。そうでなければ、ポータルサイトへの記事提供者といった立場のまま、ますますビジネス的には苦境に立たされることと思われます。ビジネス的な苦境は、すなわち、ジャーナリズムの危機をも意味します。

さて、前述したPublish2には、ジャーナリストに求めることとして、以下の項目が記載されています。それは、個人ブログやマスメディアという区別ではなく、すべてのジャーナリズムに従事する者にあまねく適用されることでもあります。

(1) 政府、コマーシャル、あるいは特別な関心事より、編集の独立性を維持せよ。そして、PR、マーケティング、ロビー活動を請け負ってはいけない。
(2) 剽窃してはならない。
(3) 金銭、贈答品、あるいは依頼により、記事をバーターしたり、引き立ててはならない。
(4) 関心事における利害関係は開示せよ。
(5) 正確かつ正直であれ。
(6) 公に説明を行い、連絡が取れるようにせよ。

素人とプロには歴然とした差があるのは事実ですが、未来のジャーナリズムを考えたとき、すでに多くの人間がメディアをもてる状況下で、「読み・書き・そろばん(古いかな)」のようなスキルセットとして、ジャーナリズムの作法も義務教育課程に施すことが重要でしょう。

あるいはマスコミに入社していない者でも、情報発信を志す者にはワークショップを行うなど、日頃「ネットはゴミ情報だらけ」と嘆いているプロフェッショナルの先達も、「ゴミ」を減らし、信頼できるニュースソースを増やしていくほうが、それらニュースソースと手を取り合うことで、より小さな投資でビジネスを行いやすい地盤づくりに役立つかと思うのですが、いかがでしょうか。

Lecture 28
「誰でもメディア」時代を生き残るには?

わたしはメディア組成が好きなメディア野郎です。ですので、それで儲けられたらラッキーですが、目先のカネよりも優先していることがあります。それは、仮にわたしが読みたいと思うものがあり、それを誰も作っていないのなら、自分がつくるのだということです。

そして、わたしはこれまでプロフェッショナルが培った技術や良心を信じています。しかし、そうはいっても、すでに世に問うためのメディア組成装置を安価に入手できるのが現代です。なので、もはや時計の針を戻すことはできません。そこで、次代を担うメディア人にはビジネスばかりではなく、人に情報を送り出すという意義に加えて、なにが後世に残せるのかという〝設計思想〟も期待したいと願っております。

今後、メディアはどうなるのでしょうか。わたしにも不明な部分が多いのですが、

「こうなったらいいのに」というイメージを最後に書いてみます。

「メディア」はかつての「メディア」の形をしていない

そのイメージは、まず、紙の雑誌はリアルであり携行できるという点で、読者の行動属性にあわせて設計されるものになっていくのではないでしょうか。電子タグなどと組み合わせ、その場でサービスが享受できたり、「リアルな物体」であるがゆえにできることを押し進めるという方向性です。

そして、多くの未来の雑誌は、その本籍地を紙からウェブ、あるいは他のデジタル・デバイスに移すでしょう。そして、情報誌的なものは、より情報更新のフローが高くなると思われます。しかし、フローが高くなっても人間にとっての時間は有限ですから、閲覧できるコンテンツ数は限られます。そんななか、「なにを知るべきか、またどのような意味があるのか」といった文脈を編むことが、より重要になってくるかもしれません。情報の収集はソフトウェアでできますが、文脈を編むためには人間の視点が欠かせません。そのような編集の価値がいまより高まるだろうと思われます。なぜなら、相対的に質が低いものが蔓延するからです。

冒頭にも書きましたが、わたしは紙のメディアは、銀塩のフィルムカメラに似ていると思います。書店は中古カメラ屋さんのようになるのかもしれません。最新の刊行物を並べる書店は量販店化していくでしょう。そして、フィルムカメラが廃れ、デジカメが全盛のいま、紙の本は中古カメラのように稀少品に近くなると思います。前述しましたが、わたしが「レアメディア」と呼ぶ希少資源を使ったCO$_2$排出量の多いメディアゆえです。それは、カメラ付き携帯やコンパクトデジカメのようにカメラ(=メディア)の数は有史来、もっとも増えているのに、カメラメーカー(=出版社)の数は全盛時に比べて激減していくということです。これはテクノロジーの発達とともに、起こるべくして起こる市場の成熟と大衆化による飽和です。ある一時期までは急伸するのですが、それ以降、価値がデフレを起こし、残存のための生存競争が始まります。

わたし個人は戦後の機械式カメラの技術的到達点の高さに畏怖をもって圧倒されているユーザーの一人ですが、同様にデジタルカメラ隆盛の現代、反して違うものを求めるマニアの人々は一定数いるでしょう。これはわたしの推測ですが、人間は便利を欲しつつも、どこかで折り返し地点のようなものを内蔵していて、過剰な便利さに疲労するとそれを折り返し地点とした揺り戻しが起きるのではないかと。そして、書店はそれらの揺り戻した人々に対して、どのようなソリューションやサービスを提供できるのか、つまり、高付加価値化が課題だと考えています。

もちろん、取次や版元のマージンの話やビジネス上の束縛は理解したうえで、これを述べています。なぜなら、一般ユーザーに業界内のハナシは関係のないことであり、ユーザーを第一義に考えたとき、どういう商売が成立するかということを想定すべきなので。

わたしは、神田の古本屋街が好きですが、そこでは質問すればコンシェルジェのようにあれこれと探してくれたり、知恵を授けてくれる書店員さんがいます。いまの書店はスーパーマーケットと同じで、どこでも手に入るものが並んでいるので、立地だけが差別化ポイントであり、もっと独自性をもった書店に人々は飢えているのではないでしょうか。

そして、そこでは本だけではなく、そのほかのものを販売してもいいような気がします。書店は知識を集約したリアルなポータルサイトであり、あらゆる分野に離発着する飛行機の空港のようなものです。そこでは、「ディスティネーション

（到着地）」があっても良いと思いますが、いかがでしょうか。つまり、本から出発し、それに関連する本ではない商品を販売してもいいのではないかということです。「ヴィレッジバンガード」や「まんだらけ」はまさに本付きディスティネーション・ショップだったかと思いますが、それをあらゆるジャンルの空港にできないものでしょうか。そのためには書店にもプロデュース能力や編集力がこれまで以上に必要になるかもしれません。それは、もはや「書店ではない」というお叱りの声も聞こえてきそうですが、もはや、「メディア」はかつての「メディア」の形をしていないのが現代であり、書店自体がメディアになってもよいのではないでしょうか。

POD（プリント・オン・デマンド）が復活？

また、ウェブにおける未来の雑誌は、テキストと動画が混在することが一般的になるでしょう。いち早くブラウズしたい人にはテキストを、テキストでは理解しがたいものや、じっくり観たい人には動画が提供されます。今後、IP-TVによるネット上でのテレビ視聴がもっと一般的になるかもしれませんが、そのときには新たなメディアビジネスが興るのではないでしょうか。たとえば、動画を観ていて気になる情報があれば、それをクリックして違うサイトやサービスが呼び出せたり、自分の携帯に情報を送るなど、メディア間を繋ぐクロス・プラットフォームが必要になるかもしれません。

ある紙メディアの読者とあるサイトのユーザーの親和性が高いのであれば、データベースを相互乗入れして、互いが相手にマージンを払うなど（個人情報云々はクリアしているものと仮定します）の可能性はあると思います。ウェブサービスではＡＰＩ（アプリケーション・プログラム・インターフェイス）というものを公開し、それを開発者やユーザーに使えるように開放していますが、メディアと各種ウェブサービスがＡＰＩを相互利用したり、協業による各サービスの機能連携などを行うことで、いままでにはなかった市場を創出する余地が残されていると思います。

また、メディア全体をパッケージングせずとも、記事単位で購読ができたり、自分向けにカスタマイズして紙による印刷が可能なＰＯＤ（プリント・オン・デマンド）の分野が、今後もっと伸長するかもしれません。すでに、本書でも記述しましたが、米国では取次会社イングラムの子会社であるライトニングソースというPOD出版社があります。

PODの分野は、90年代後半に日本でも注目されましたが、その後は細々と継続するか撤退するなどして、あまり表舞台に浮上してきませんでした。同じように、ライトニングソースも98年には1100のタイトルしか揃っておらず、年間11万冊しか印刷されていなかったようですが、2007年度には50万のタイトルがラインナップされ、年間5000万冊を印刷し、積年の苦労が実り、いまではPODがビジネスとして成立することを立証しました。

今後、多くのウェブメディアの記事や卒論、研究論文、怪しいハウツー記事から日記までもが印刷されて自宅まで宅配されるかもしれません。アマゾンのように完全にパッケージングされた商品ではなく、オーダーメイドのような本や、書店で小売りされていない書物が入手できる〝マイクロ出版〟として、わが国でもその勢力を伸ばすことでしょう。わたしは写真集や画集などが、その一角を形成するのではないかと思うのですが。

しかし、そうはいっても、人間は誰かに要約してもらうことが好きです。自分でイチから調べるだけではなく、識者や編者が易しく、ときには挑発的に送り出す知識や観点、情報量、デザインなどに触れることをやめないでしょう。ゆえに、消費者オリエンテッドなウェブメディア以外に、編集者ありきのメディアは今後も不滅です（努力しない編集者のそれは不要ですが）。

また、ＭＩＴ（マサチューセッツ工科大学）で開発されたｅインクなどの技術を用いた電子ペーパー（紙と同じ薄さのディスプレイ）が実用的なレベルに落ちてくれれば、老舗も新興メディア企業にもアドバンテージがあります。ウェブでは困難な有料課金もデバイスと紐づけることで可能になるかもしれません。携帯電話がそうであったように……。

アマゾンの電子ブックリーダー、キンドル【＊1】が好調のようですが、もっとｉＰｏｄ並みに洗練されるべきでしょう。しかし、大学生が分厚いテキストブックを持ち歩かなくても済むように、今後、教科書や資料は電子ブックリーダーや電子ペーパーによって配布されることでしょう。そして、紙に迫る高品質なディスプレイで文字を読むことに慣れた人々が、新聞や雑誌、コミックの電子版を購読する未来の優良読者層になりえるかもしれません。

【＊1】キンドル
「本のためのｉＰｏｄ」をコンセプトに、米アマゾンが２００７年11月に発売した電子ブックリーダー。ディスプレイはｅインクを利用した電子ペーパーで見やすく、ＰＣを介さずにコンテンツを直接ダウンロードできる、キーボードによる入力が可能などの特徴を持つ。日本での発売は今のところ未定。

「誰でもメディア」はオープンブックマネージメントが基本

そこにたどり着くまでに、あとどれだけ時間がかかるのでしょうか？　わたしにはわかりません。しかし、デバイスの進化とともにメディアも企業も変わっていく必要があります。ゆえにいつでも勝機は訪れるのだということです。逆に言えば、目の前に勝機がいつでもあるにもかかわらず、ただ指をくわえたまま、見逃し三振することだってできるのです。

そんななか、メディアを載せるデバイスが何であれ、「誰でもメディア」は軽やかにスタートし、よりグローバルを目指すべきです。これまでの出版が超えられなかったコストや言語といった「壁」を超えて、世界を相手にビジネスをすることも可能でしょう。

また、メディア企業はどのように変わったらよいのでしょうか？

わたしが思うに、雑誌ならば各メディア、そして各セクションの担当者がいますが、それらのメディアとセクションごとに分社化、もしくは起業されるような時代になることが、ひとつの解だと思います。

分社化というのは極論かもしれませんが、2〜3名でサービスを立ち上げるネット系サービスではさほど奇異なことではありません。デジタルメディアの時代は――その善し悪しは別として――各担当セクションのページビューは常に割り出され、パフォーマンスが測定できます。そして、なによりも決断が迅速でなければダメだということです。いちいち編集会議に諮ったり、稟議書を回して、上司や部下を飲み屋で懐柔しているヒマなどないのです。テレビドラマで「事件は現場で起きている」という有名なセリフがありましたが、まさにフローの高いウェブメディアでは、「読者は上司の決裁など待ってくれない」のです。

パフォーマンスの話について誤解しないでほしいのは、わたしは必ずしもアクセスを集めるものが最高のコンテンツだとは思っていないということです。もっと、コツコツと時間をかけて築く地味なものもあるし、たとえ、クリックが少なかろうが、良質な記事はそれを欲する読者との信頼を築き、また公益のためには欠かせません。それらは、個人として利益を顧みず持ち出しでやるのもアリですし、NPOのようなかたちで運営していくことも考えられます。実際、ウェブには多くのNPOによるプロフィッタブル（利益が出ている）な事業が散見されます。

ただ、メディアの事業再編を睨んだとき、編集が経営の現場とあまりにも乖離しているのは決して良いことではありません。同族系の企業ではあり得ないことでしょうが、それ以外のベンチャー系出版社にオープンブック・マネジメント(従業員に財務諸表を開示し、経営の指標を経営陣だけではなく共有していく方法)のスタイルが浸透するかもしれません。一人ずつの編集者が経営者となり、その担当するセクションを統括し、コンセプトと採算に見合ったコンテンツを送り出す努力がいま以上に必要になるでしょう。無論、それとは別に調査報道の分野や教育系のコンテンツについては、R&D(基礎研究と開発)のように、ROI(投資効果)を云々するのとは、また違ったアプローチが必要であることは言うまでもありませんが。

新しいメディア人よ、出よ!

今後訪れる世界がバラ色なのか暗黒なのか定かではありませんが、誰かにとってのバラ色は、ほかの人には暗黒なのです。そして、誰かにとって暗黒であれば、ほかの人にとってバラ色なのかもしれません。どんな小さな可能性でも、そこに賭けてきた出版の先人たちが、もし現代に生きていたならば、と想像したとき、彼らは過去にしがみつくのでしょうか。

いまの紙メディアに欠けているのは、当初に備えていたであろうベンチャー精神だと思います。それが制度となり、エスタブリッシュされてしまうと、精神や気迫よりも、いかにそれを維持するかという手段が目的化しがちです。

その意味で、新しいものは内部から生まれず、外部やいま主流ではない周縁から革新されていくのかもしれません。テクノロジーはこれまでその習得に必要だった時間を短縮します。技術取得への時間配分は減り、才能や経験がより重視されます。最初は誰も経験がありません。だから早いうちから経験値を積み、才能とノウハウを磨くことに注力すべきです。もし、自身の可能性を信じていて、人に情報を送り届けることが生業だと感じるのなら、それは今日からでもメディアを組成すればいいでしょう。ただし、得意分野を絞ること。そして、あとは誰になんと言われても信じて続けること。「口だけ番長」は放置して、自身の腕のみだけで荒波に舳先《へさき》を向けるのです。そして、社会的な意義を考え、どのように伝えるべきかを常に考えること。そうすれば、いつか、きっと道が開けるはずです。

メディアは人をワクワクさせたり、ときには人生を変えてしまうほどのインパクトをもちます。だからこそ、世の中をより良くするよう機能してほしいと思います。そのことを実現するのに、職能や経験による区別はありません。同じ気持ちならば、それがどんなに困難な道であっても、共に歩を前に進ませるだけです。

わたしはそれを「アティチュード（態度）」と呼びます。有益な情報から鬼畜な情報までがあふれるメディア空間のなかで、わたしたちプロには「アティチュード」が必要だと思います。「朝日新聞」「2ちゃんねる」といった大きな庇《ひさし》ではなく、個々の「アティチュード」です。「ロック・スピリット」があるように、「メディア・スピリット」もあると思います。それを失わない限り、紙の時代から綿々と続く最良のDNAを継承できるものと信じています。

また、必ずしも情報を発信するばかりではなく、それらメディア人たちを支えるサービスやインフラも必要です。それもまた新しいメディア・ビジネスとして不可欠であり、コンテンツ・ビジネスにおいてはインフラや供給連鎖なくして成立しません。

これまで書いてきたことは未来の菊池寛（文藝春秋の創業者）や野間清治（講談社の創業者）、村山龍平（朝日新聞の創業者）に向けて書いた「新しいメディア人よ、出よ！」だと思ってください。

それでは、本書を読まれた人のなかから新しい出版人、もしくは旧くて新しい出版人が登場することを願いつつ、この稿を終えたいと思います。何年後になるかわかりませんが、本書（貴重品！）やその中身がインストールされた電子デバイスを抱えた「これを読んだから挑戦したんだ」という未来のメディア人が一人でも多く誕生していますように。

グッドラック！

あとがき

わたしが本書で書いた内容を自身に問いかけたのは、自身が編集者であると同時に、ベンチャー企業の経営者でもあり、同時にインターネット前史から技術革新の最前線でコンテンツを編むという現場に居合わせてきたからでしょうか。既存のビジネスインフラに依拠せずとも、日本中、いや世界に向けてコンテンツを届けられる時代であるにもかかわらず、なぜ新しい挑戦者がレガシーなシステムに固執するのかという疑義を抱くのは当然の成り行きだったかもしれません。

形状の魔力というものがあり、それは理屈抜きに否定しがたい魅力をもちます。しかし、形状以上に、枠組という強力なものをわたしたちはそれぞれの心のなかに宿しています。実はその枠組みこそもっとも破り難いもので、真のブレイクスルーとはその枠組みを壊すことではないかとすら思えます。

その昔、いまは亡き某国営テレビ局の要職を追われたさる方より聞いたことがありますが、ラジオ放送がマスメディアとして主流だった頃、誕生したばかりのテレビ放送にはエリートじゃない在野の記者が送り込まれたということです。その頃、ラジオが保守本流であり、誰もがテレビの可能性なんて鼻にもかけていなかったようですが、いまでは信じ難い話に聞こえますよね。メディアがテクノロジーや環境によって変容していくなか、「器」や「衣」ではなく、そのDNAを次代のメディアに移植し、そしてそれをいかにビジネスにしていくのかという、在野（ゲリラたち）の「あがき」が、「衣」や「器」に強靭なメディアという生命を吹き込んでいくのかもしれません。なので、「あがき」を否定することは、未来の芽をつむぐことではないでしょうか。過去を鑑みてもメディアの革新は保守本流ではなく、周縁から始まっています。現在の紙の出版社ですら、最初は「あがき」からの出発ではなかったでしょうか。たぶん、本書は未来のメディア人からみたら、「なに当たり前のこと書いてるの？　わざわざ話題にするようなこと？」と思われるかもしれませんが、そう思われたら本望です。

＊

本書の基本機能は、「あがきたい」という人に対して「励ますこと・注意すること・触発すること」です。具体的なセオリーはそれぞれが立ち上げたいと思うメディアの数ほどあるので、「これが正解」と言及することは不可能です。また、具体的な施策や運営手法についても割愛しているので、そのあたりはご自身でググってみてください（＝グーグルで検索してね、の意）。ここでは、検索エンジンにはひっかからないか、ひっかかっても長文で読む気がしないか、または、その単語の一部しか出てこないであろうことを軸に展開しています。逆にいえば、書籍というメディアにしかできないコンテクスト（文脈）を中心に構成したつもりです。

喩えれば、本書はひとつの「白地図」です。あとは皆さんご自身により、色や区域、旧跡、名勝、よく知る地域の仔細を書き込み、「使える地図」にしていただきたく存じます。また、技術革新が速い分野の話であるため、あっと言う間にこの「白地図」も陳腐化してしまうでしょう。まずは、第一歩を踏み出そうとする人にとって「あの辺には高い山がある」「この辺には低地がある」などとその大まかな起伏だけでも喚起できればいいのですが。

＊

最後になりますが、本書の刊行はわたしにとって大きな意味をもちます。本書の編集担当者である安藤聡さん、装幀を担当していただいたアジールの佐藤直樹さん、本書の発行元であるバジリコの長廻健太郎社長には、十数年以上も前にお世話になりました。佐藤さんとはわたしが創刊した雑誌「ワイアード」で一緒に仕事をしましたが、今回、再び同じメンバーで一冊の本を世に送り出せるとは夢にも思いませんでした。この場を借りて、改めて皆さんに心からの御礼を申し上げたいと思います。

加えて、本書執筆のきっかけを与えてくださった日経ＢＰの柳瀬博一さん、日経ビジネスオンラインで本書収録の記事連載を担当していただいた山中浩之さんにも深く感謝いたします。本書のなかで何度も使われる「誰でもメディア」は、柳瀬さんが考案した言葉です（本稿ではイマイチみたいなことを言っていますが、この言葉以外浮かびません）。本稿の執筆が野球における登板だとしたら、彼はブルペンでわたしの捕手を務めてくださいました。その肩ならしがなければ、本書での投球もありません。本当にありがとう。

また、これまで米国の出版事情を長年にわたり国内に広めてきた金平聖之助氏が発行する「アメリカ出版情報」も参考にさせていただきました。同氏のこれまでの活動なくして、本書を執筆するということは道標を欠いた辺境の地を旅するようなものです。その意味で、金平氏のこれまでとこれからの活動に敬意を表しつつ、あとがきとさせていただきます。

２００９年２月

小林弘人

【初出】

本書は、「日経ビジネスオンライン」（http://business.nikkeibp.co.jp/）連載の「誰でもメディア宣言」をもとに、新たに書き下ろしを加え再構成したものです。

小林弘人（こばやし・ひろと）

一九九四年、インターネット黎明期に米国で勃興するインターネット文化を伝える雑誌『ワイアード』日本版を創刊。多くの第一世代ウェブ起業家たちに衝撃を与える。一九九四年、株式会社インフォバーン設立。月刊『サイゾー』を創刊。ブログ黎明期から有名人ブログのプロデュースに携わり、木村剛、真鍋かをりなど、人気ブログを書籍化し、ブログ出版の先鞭をつけた。また、アップルのiTunesMusicStoreJapanでオーディオブックを販売。稲川淳二のiPod怪談が総合売上げでもベストセラーとなる。二〇〇五年、出版社の価値向上のために「出版バリューマネージメント研究会」を株式会社インスパイアと共に発足。二〇〇六年、全米で著名なブログメディア『ギズモード』の日本版を立ち上げる。ECサイトからネット映像配信まで数多くのウェブサービスを立ち上げつつ、発行人として、高橋がなり、宮崎哲弥、押井守ほか多くの俊才たちの書籍を刊行。現在株式会社インフォバーンCEO。メディア・プロデュースと経営の傍ら、大学、新聞社、広告代理店等の招聘で講演やメディアへの寄稿をこなす。

新世紀メディア論――新聞・雑誌が死ぬ前に

二〇〇九年四月十八日　初版第一刷発行

著　者　小林弘人
発行人　長廻健太郎
発行所　バジリコ株式会社
〒一三〇―〇〇二二
東京都墨田区江東橋三―一―三
電話　〇三―五六二五―四四二〇
ファックス　〇三―五六二五―四四二七

印刷・製本　株式会社 光邦

ISBN978-4-86238-129-3
http://www.basilico.co.jp

「教養2.0」のライブラリー

身体知——身体が教えてくれること　内田樹×三砂ちづる
身体的思考をもとにした新しいコミュニケーション論。

身体を通して時代を読む　甲野善紀×内田樹
武術の智慧がこの国の歪みを糺す！　憂国的武術対談。

生き延びるためのラカン　斎藤環
世界一わかりやすいラカン解説書にして精神分析入門。

「自由」は定義できるか　仲正昌樹
〈自由〉の定義って何？〈自由〉の概念の変容の軌跡を追う。

暴走する「世間」　佐藤直樹
暴走しはじめた「世間」の危ない構造にメスを入れる長編評論。

哲学個人授業　鷲田清一×永江朗
哲学の極めつけ〈殺し文句〉23篇からはじまる哲学入門。

きものとからだ　三砂ちづる
毎日付き合うことで身体が変わる。着物のある暮らしを取り戻そう。

いきなりはじめる仏教生活　釈徹宗
今日からあなたも立派なブッディスト。洒脱で過激な仏教生活入門。

こんな日本でよかったね　内田樹
〈寝ながら学んだ構造主義者〉による、驚愕の日本社会論。

響きあう脳と身体　甲野善紀×茂木健一郎
人間の持つ無限の可能性についてとことん語り合う、打てば響く異脳対談。

リスクの正体！　山口浩
リスクを味方にする技術、予測を力にする思考法とは？